PLACHUTTA
DIE KLASSIKER

Ewald und Mario Plachutta

PLACHUTTA
DIE KLASSIKER

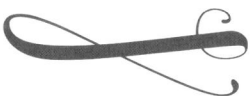

Unter Mitarbeit von *Günter Köck*,
Küchendirektor der Plachutta Restaurants

Mit Weintipps von *Willi Klinger*

7
**PLACHUTTA UND
DIE ÖSTERREICHISCHE KÜCHE**

13
LEBENDIGES KULINARISCHES ERBE

15
Kleine Speisen und Suppen

39
Hauptspeisen

67
PLACHUTTAS RINDFLEISCHKÜCHE

71
TAFELSPITZ & CO

93
Süßes

125
REZEPTREGISTER

EINLEITUNG

Plachutta und die österreichische Küche

Der Name Plachutta ist untrennbar mit der österreichischen Küche verbunden: Als Ewald und Eva Plachutta im Jahre 1987 im nahe Schloss Schönbrunn gelegenen „Hietzinger Bräu" dem gesottenen Rindfleisch, allem voran dem legendären Tafelspitz, eine neue Heimstätte gaben, läuteten sie einen Renaissance der Rindfleischküche ein. Die Grundlage für die neu entdeckte Liebe zum Gesottenen vom Rind bildete die einzigartige Wiener Rindfleischteilung, die über Jahrhunderte durch kulinarische Einflüsse aus allen Teilen des Habsburgerreiches entstanden war.

Die Wiener Küche gilt vielen schlechthin als Inbegriff einer Nationalküche. In heutiger Sichtweise entspricht sie aufgrund ihrer historischen Entwicklung dem Typus einer Fusionsküche mit italienischen, türkischen, spanischen und französischen Wurzeln. Wien als Machtzentrum des Habsburger-Reiches vereinte viele Nationen, deren Nationalküchen von Diplomaten und ihrem gesellschaftlichen Umfeld, den Militärs, Zuwanderern, Köchen und Haushaltshilfen nach Wien importiert wurden, wo sie zu einer selbstständigen Küche, der „Wiener Küche", verschmolzen.

Einen nicht unwesentlichen Teil der heutigen österreichischen Küche machen Böhmens Mehlspeisen-, Braten- und Knödelküche sowie Ungarns paprikadominierte

Gulaschgerichte aus, wobei Letztere in Österreich kulinarische Eigenständigkeit entwickelten. Die kulinarische Tradition jedoch auf Einflüsse aus den Regionen und Ländern der k.u.k Monarchie zu beschränken, wäre eine unzulässige Verkürzung. Die Ursprünge der großen Rezeptvielfalt sind nicht immer eindeutig zuzuordnen und die Grenzen zu den Regionalküchen sind fließend.

Die Aushängeschilder der österreichischen Küche sind wohlbekannt, sie erfreuen sich heute ebenso großer Beliebtheit wie in vergangenen Jahrzehnten: Wiener Schnitzel, Tafelspitz, Gulasch, Sachertorte, Salzburger Nockerl und Apfelstrudel. Wer nach den Grundsätzen der österreichischen Küche sucht, erkennt schnell, dass sie eine Küche für alle Bevölkerungsschichten darstellt. In ihr verbanden sich kulinarische Glanzlichter der k.u.k. Hofküche, der Herrschaftshäuser und Adeligen mit den Bedürfnissen der Bevölkerung.

DAS WIENER SCHNITZEL UND DIE VORLIEBE DER ÖSTERREICHER FÜR GEBACKENES

Um die Herkunft des Wiener Schnitzels ranken sich viele Legenden und Mythen, eindeutige Belege gibt es keine. Fakt ist, dass man sich der Zubereitung eines echten Wiener Schnitzels mit einem gewissen Fachwissen nähern sollte. Es ist ja eine bekannte Weisheit, dass das scheinbar Einfache besonderer Zuwendung bedarf.

Das original Wiener Schnitzel wird ausschließlich aus Kalbfleisch zubereitet. Klassisch verwendet man dafür eine sorgfältig zuparierte Kalbschale, das sogenannte Kaiserteil. Gourmetrestaurants wählen die noch zartere Rose vom Kalbsrücken, was den höheren Preis rechtfertigt und dem Gaumen schmeichelt. Im privaten Bereich steht es jedem frei, kostengünstige Schweinsschale oder saftigen Schweinsschopf zu verwenden.

Um die Herkunft des Wiener Schnitzels ranken sich viele Legenden und Mythen.

Wie dick oder dünn und wie stark gebräunt ein Wiener Schnitzel sein soll, ob Butterschmalz oder geschmacksneutrales Öl das ideale Backfett ist, daran scheiden sich die Geister. Grundsätzlich sollte das Schnitzel eine Stärke aufweisen, bei der der Geschmack des Fleisches nicht von jenem der knusprigen Panier übertönt wird. Als klassische Beigabe ist nebst einer unbehandelten Zitronenspalte Erdäpfelsalat obligatorisch, der in seiner Konsistenz eine leichte Cremigkeit aufzuweisen hat und nach Wunsch mit Vogerlsalat kombiniert wird.

EINLEITUNG

Die Vorliebe der Österreicher für „Gebackenes" – seien es nun das gleichermaßen wie das Schnitzel beliebte ausgelöste Backhendl, der traditionell am Heiligen Abend sehr geschätzte gebackene Weihnachtskarpfen oder die von Vegetariern favorisierten gebackenen Champignons, Steinpilze, Selleriescheiben oder Karfiolröschen mit Sauce Tatar – ist ungebrochen und nährt die Vermutung, dass alles, was im knusprig-goldenen „Bröselkleid" gebacken wird, hierzulande sehr willkommen ist.

KULINARISCHE KLEINKUNST: »HAUSMANNSKOST«

Die Herkunft des Begriffs „Hausmannskost" ist heute in Vergessenheit geraten. Sinn und Zweck dieser Küche war es in früheren Zeiten, Reste von Braten, Siedefleisch, Schinken, Teigwaren und Erdäpfeln in wahre Geschmackssymphonien zu verwandeln: Hausmannskost ist in ihren Ursprüngen eine kreative Reste-Verwertungs-Küche. Die österreichische Küche weist einen sehr reichen Schatz an solchen Rezepten auf.

Die Herkunft des Begriffs »Hausmannskost« ist heute in Vergessenheit geraten.

Die ungebrochene Beliebtheit klassischer Gerichte der Hausmannskost wie Schinkenfleckerl, Grammelknödel, geröstete Knödel, Gröstln aller Art, Hascheenudeln, Briesnudeln, Grammelschmarrn, Grenadiermasch oder Erdäpfelgulasch bezeugt, dass diese traditionell sehr beliebte und gepflegte Küchenkleinkunst, „Einfaches in etwas Besonderes" zu verwandeln, bis heute Gültigkeit besitzt. In heutigen Zeiten, in denen der sorgsame Umgang mit Lebensmitteln, auch unter dem Motto „Nose to Tail", zunehmend wieder in den Mittelpunkt rückt, wird deutlich, wie zukunftsweisend dieses kulinarische Erbe ist.

EINLEITUNG

DER GROSSE FESTTAGSBRATEN

In Zeiten, in denen der Sonntagsanzug den Arbeitstag vom Ruhetag auch optisch trennte und Feiertage ihrem Sinn gemäß gefeiert wurden, galt der „große Braten" als kulinarischer Höhepunkt familiären Speisens. Als Gastwirtschaften mit mittels Holz oder Kohlen befeuerten Herden ausgestattet waren und Blockeis aus Eisfabriken die Kühlhäuser und Kühlschränke versorgte, war die Bratenküche eine logistische Wunderwaffe. Frisch zubereitet und im Rohr warm gestellt, konnten Braten durch fachmännisches Tranchieren mit Messern enormen Ausmaßes und massiver Klinge hunderte, ja tausende Gäste schnell und qualitativ hochwertig versorgen.

Wir präsentieren in diesem Band den wohl beliebtesten Klassiker unter den Festtagsbraten, den Nierenbraten. Im „Ottakringer Bräu", dem „Vorfahren" des heutigen „Plachutta Hietzing" und seinerzeit eine Großgaststätte enormen Ausmaßes – allein schon der Gastgarten bot über 1000 Plätze –, wurden, wie Zeitzeugen berichten, in früheren Jahrzehnten auf diese Weise an schönen Sonn- und Feiertagen über 4000 Gäste bewirtet.

EIN MEHLSPEISENPARADIES

Die österreichische Küche gilt zu Recht als beste und umfangreichste „Mehlspeisküche" der Welt. Daran wird sich wohl auch trotz Globalisierung und des Vormarschs ethnischer Küchen mit ihren vielfältigen Einflüssen nichts ändern. Zu beliebt und begehrt sind Marillenknödel, Salzburger Nockerl, hauchdünn ausgezogener Apfelstrudel, die wohl berühmteste Torte der Welt, die Sachertorte, und klassische Desserts wie Maronireis, der traditionell auf Schlagobers und mit Amarenakirschen garniert serviert wird, zart schmelzende Schneenockerl mit Vanille,- Erdbeer- und Schokoladesauce und Co. Eine Besonderheit sind auch die vielen süßen Hauptgerichte, für die sich nicht nur Vegetarier begeistern. Ob Kaiserschmarren, Marillen- oder Zwetschkenknödel, Topfenknödel, Mohnnudeln oder gebackene Mäuse, Scheiterhaufen oder Reisauflauf – hier findet sich für jeden Geschmack ein kleines „süßes Paradies".

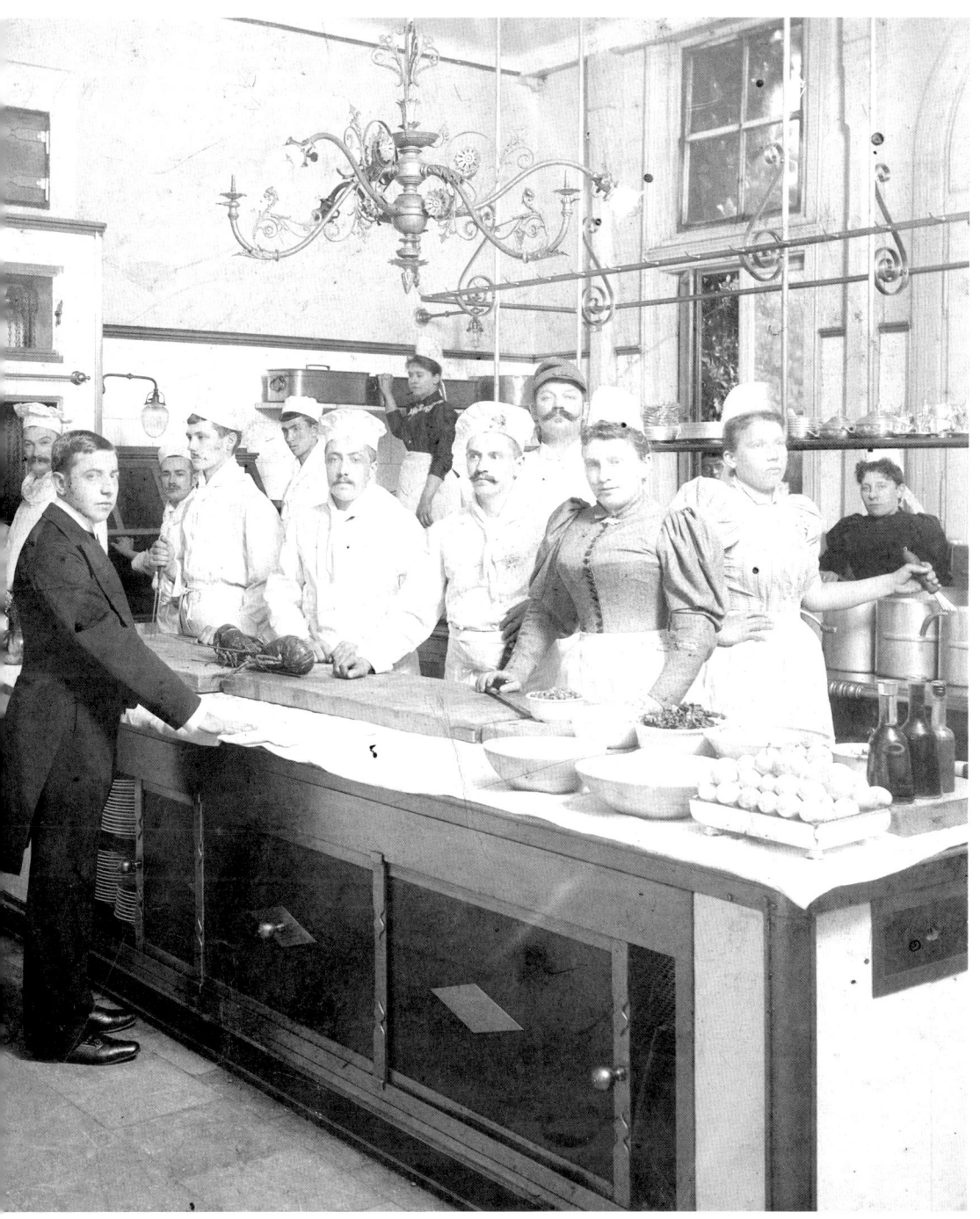

EINLEITUNG

Lebendiges kulinarisches Erbe

Heute befindet sich das Kochen am eigenen Herd einerseits auf dem Rückzug, das Wissen um die Zubereitung traditioneller Gerichte wird nicht mehr wie früher von Generation zu Generation weitergereicht. Und die einst so bedeutende Wiener Innereienküche wird zwar gern glorifiziert, findet aber, realistisch betrachtet, immer weniger Anklang.
Gleichzeitig sehen immer mehr Menschen Kochen als etwas Besonderes, als eine Möglichkeit, kreativ tätig zu sein und sich und ihren Lieben etwas Gutes zu tun. Sei es ein rasch zubereitetes Pfannengericht nach einem langen Arbeitstag, sei es ein fantasievolles Menü, um Gäste zu verwöhnen, oder das gemeinsame Kochen mit Freunden: Selbst gekochtes Essen bietet einen ganz besonderen Genuss. Dazu kommt die Sicherheit, genau zu wissen, welche Zutaten verwendet wurden und woher sie stammen. Eine lebendige Küche wie die österreichische Küche verändert sich ständig. Manches taucht kurzfristig auf und verschwindet so schnell, dass man es kaum wahrnimmt. Anderes etabliert sich langfristig. Auf die Kraft dieser Küche kann man vertrauen, das Erhaltenswerte wird in die Zukunft getragen werden. Das vorliegende Büchlein möge seinen Beitrag dazu leisten.

Eine lebendige Küche wie die österreichische Küche verändert sich ständig.

Kleine Speisen und Suppen

TRADITIONELLE AUFSTRICHE, SUPPEN UND SALATE FÜR DEN KLEINEN HUNGER

KLEINE SPEISEN UND SUPPEN

Eiaufstrich

ZUTATEN FÜR 4 PORTIONEN
5 Eier, hart gekocht
150 g Butter, weich
25 g Mayonnaise
Salz
Pfeffer
2–3 EL Schnittlauchröllchen
Radieschenstifte zum Bestreuen

DAZU PASST
Jugendlich-knackiger Weißwein,
z.B. Welschriesling, oder klassischer
Grüner Veltliner, Gemischter Satz
oder Weißburgunder.

ZUBEREITUNG
Eier durch ein Passiersieb oder eine Kartoffelpresse drucken, mit weicher Butter und Mayonnaise verrühren. Mit Salz und Pfeffer würzen, auf Brote streichen, mit Schnittlauchröllchen und mit Radieschenstiften bestreuen.

TIPP Am einfachsten und besten ist es, Eier, weiche Butter und Mayonnaise im elektrischen Kleinschneider zu einem homogenen Aufstrich zu verarbeiten.

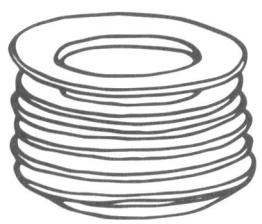

KLEINE SPEISEN UND SUPPEN

Erdäpfelaufstrich

ZUTATEN FÜR 4 PORTIONEN

300 g Erdäpfel, mehlig, roh, geschält
Salz
100 g Butter, weich
100 g Topfen, 20%
100 g Crème fraîche
60 g Zwiebeln, fein geschnitten
Pfeffer

DAZU PASST

Rassiger Sekt mit Struktur, z.B. Rieslingsekt, Leithaberg DAC weiß, vollmundiger Rotgipfler oder mineralischer Weißburgunder. Alternativ fruchtbetonter, samtiger Rotwein (z.B. Rubin Carnuntum).

ZUBEREITUNG

Erdäpfel in gleichmäßige Stücke schneiden, in Salzwasser kochen, abseihen, ausdampfen lassen. Mit einem Passiersieb oder einer Erdäpfelpresse passieren. Butter schaumig rühren, mit Topfen, Creme fraîche und Zwiebeln vermischen. 250 g passierte, erkaltete Erdäpfel abwiegen, daruntermischen, mit Salz und Pfeffer würzen.

TIPP Ergänzen Sie den Aufstrich mit gerösteten Speckwürfeln, fein gehackten Pfefferoni, fein würfelig geschnittenem Schinken, etwas frisch gerissenem Kren oder rühren Sie 20 g Kürbiskernöl unter den Aufstrich.

Liptauer

ZUTATEN FÜR 6 PORTIONEN

60 g Butter
250 g Brimsen oder Topfen, passiert
2 EL Sauerrahm
60 g Zwiebeln, fein gehackt
1 KL Kapern, fein gehackt
1 TL Estragonsenf
1–2 KL Paprikapulver
Salz
Pfeffer
2 KL Kümmel, ganz
MS Sardellenpaste
oder Sardellenfilets, gehackt
1 EL Schnittlauchröllchen

DAZU PASST

Kräftiger Grüner Veltliner, z.B. Weinviertel DAC Reserve, aber auch Neuburger oder ein kerniger Rosé. Oder pikanter Blaufränkisch mit zarter Kräuterwürze, z.B. Eisenberg DAC oder Mittelburgenland DAC.

ZUBEREITUNG

Handwarme Butter glatt verrühren. Brimsen (Topfen) darunterrühren.
Sauerrahm hinzufügen, alle anderen Zutaten bis auf den Schnittlauch verrühren und pikant abschmecken. Abschließend mit geschnittenem Schnittlauch bestreuen.

TIPP Wenn Sie Brimsen verwenden, benötigen Sie nur sehr wenig Salz, da dieser bereits gesalzen ist.

VARIATION Wenn wenig Zeit ist, sei die nachfolgende „Schnellversion" wärmstens empfohlen: Verrühren Sie 250 g Topfen mit 100 g Crème fraîche, 60 g feingehackten Zwiebeln, 1 TL gehackten Kapern, 2 TL edelsüßem Paprika, 2 TL Kümmel, 1 TL Estragonsenf, 1 MS Sardellenpaste, Salz und Pfeffer.

KLEINE SPEISEN UND SUPPEN

Gabelbissen

ZUTATEN FÜR 4 PORTIONEN
4 Blatt Gelatine
½ l Wasser oder fettfreie Suppe
Salz
1 EL Tafel- oder Hesperidenessig
540 g Französischer Salat (s. rechts)
2 Eier, hart gekocht
3 Bismarckheringfilets

ZUBEREITUNG
Gelatine 5 Minuten in ausreichend Wasser einweichen, abpressen, in heißem Wasser (fettfreier Suppe) schmelzen, Salz und Essig beifügen.
In 6 ca. 10 cm große, flache Porzellanschalen jeweils 90 g Französischen Salat füllen, flach und glatt verstreichen. Eier in Scheiben schneiden, Eischeiben auf dem Salat verteilen.
Bismarckheringe jeweils in 3 oder 6 Stücke schneiden, Fischstücke zu den Eischeiben platzieren. Abgekühltes, aber noch flüssiges Gelee in die Schälchen eingießen, bis alle Zutaten bedeckt sind. Im Kühlschrank 2–3 Stunden kühlen.

VARIATIONEN Der Belag kann nach Geschmack variiert werden, es eignen sich u. a. Wurstscheiben, Sardellenringe oder Räucherfische.

VEGETARISCHER GABELBISSEN Verwenden Sie für den Belag Spargelspitzen, Erbsen, Karottenscheiben, Kirschparadeiser etc.

Schinkenrolle

ZUTATEN FÜR 8 ROLLEN

8 Blatt Schinken
(Press-Schinken) à ca. 20 g
<u>für den französischen Salat</u>
140 g Mayonnaise
ca. 2 EL Essiggurkenmarinade
150 g Erdäpfel, festkochend,
gekocht, geschält
70 g Äpfel, säuerlich,
geschält, entkernt
80 g Essiggurken
80 g Karotten, geschält, gekocht
60 g Erbsen, gekocht, kalt abgefrischt
Salz
Pfeffer, weiß

ZUBEREITUNG

Mayonnaise mit Essiggurkenmarinade glatt verrühren. Erdäpfel, Äpfel, Essiggurken und Karotten in ca. 6 mm kleine Würfel schneiden, Erbsen beigeben, mit Mayonnaise vermischen, mit Salz und Pfeffer würzen. Schinkenscheiben nebeneinander auflegen. Den Französischen Salat kompakt erhaben auf das untere Drittel verstreichen, Schinkenscheiben straff einrollen. Die Enden jeweils glatt verstreichen, sodass gleichmäßige Rollen entstehen.

Das Foto zum Rezept finden Sie auf S. 22

Gefüllte Eier

ZUTATEN FÜR 4 PORTIONEN

8 Eier, hart gekocht
160 g Weißbrot, entrindet
160 g Butter, handwarm
Salz
Pfeffer
Sardellenpaste nach Geschmack
Estragonsenf nach Geschmack
Garnitur nach Wunsch

ZUBEREITUNG

Eier nach Wunsch der Länge oder Breite nach halbieren und die flachen Enden vorsichtig abschneiden, damit die Hälften eine glatte Fläche bekommen, auf der sie aufliegen können. Dotter herausheben.
Brot in kaltem Wasser einweichen, sehr gut ausdrücken. Dotter und Brot durch ein feines Sieb streichen.
Butter schaumig rühren, Dotter und Brot einrühren. Mit Salz, Pfeffer, Sardellenpaste und Estragonsenf abschmecken.
Farce mit einem Dressiersack mit glatter oder Sterntülle erhaben in die ausgehöhlten Eihälften spritzen. Nach Wunsch mit Sardellenringen, Radieschen, Forellenkaviar, Olivenscheiben oder Paprikastücken etc. garnieren.

KLEINE SPEISEN UND SUPPEN

Rindfleisch in Essig und Öl mit Käferbohnen

ZUTATEN FÜR 4 PORTIONEN

400 g Rindfleisch, mager, gekocht
(z.B. Dicke Schulter
oder Mageres Meisel)
100 g Zwiebeln, weiß oder rot
0,2 l Wein- oder Hesperidenessig
ca. ¼ l Rindsuppe, fettfrei, Brühe,
gekörnt, oder Wasser
5–6 EL Öl, geschmacksneutral
Salz
ca. 350 g Käferbohnen, gekocht
Zwiebelringe, rot, zum Belegen

DAZU PASST

Zu diesem Gericht passt pikante Frische (z.B. Schilcher aus der Weststeiermark oder klassischer Sauvignon Blanc) oder Tiefgang und Rasse (z.B. kräftiger Grüner Veltliner Reserve vom Wagram oder burgenländischer Chardonnay).

ZUBEREITUNG

Rindfleisch mit einer Schneidemaschine in feine Scheiben, Zwiebeln in feine Streifen oder Ringe schneiden. Essig, kalte Suppe (Brühe oder Wasser), Öl und reichlich Salz zu einer Marinade verrühren. Marinade über Rindfleisch, Käferbohnen und Zwiebeln gießen, vorsichtig vermischen.
Einige Stunden gekühlt marinieren. Anrichten, mit roten Zwiebelringen belegen.

TIPPS Garnieren Sie das Gericht mit gehobeltem Bierrettich.
Beträufeln Sie das angerichtete Rindfleisch und die Bohnen mit Kürbiskernöl.
Im gut sortierten Handel erhalten Sie gekochte Käferbohnen in ausgezeichneter Qualität. Wenn Sie sie selbst kochen wollen: Bohnen waschen, mit ca. der dreifachen Menge lauwarmem Wasser bedeckt über Nacht einweichen. Abseihen, mit Wasser bedecken, etwas Bohnenkraut beigeben und ohne Salz kernig kochen.

KLEINE SPEISEN UND SUPPEN

Backhendlsalat

ZUTATEN FÜR 4 PORTIONEN

ca. 350 g Häuptel- und Vogerlsalat, gemischt
400 g Hühnerbrustfilet, ohne Haut und Knochen
80 g Kürbiskerne
100 g Semmelbrösel
2 Eier
Salz
Mehl zum Wenden
Öl zum Backen
ca. 3 EL Apfel- oder Weinessig
ca. 5 EL Pflanzen- oder Kürbiskernöl

DAZU PASST

Duftiger Gelber Muskateller (auch als Sekt), leichter Grüner Veltliner (z.B. Steinfeder aus der Wachau), Wiener Gemischter Satz DAC.

ZUBEREITUNG

Salat waschen, in mundgerechte Stücke teilen und gut abtropfen lassen. Hühnerbrust in beliebig große Stücke schneiden. Kürbiskerne fein hacken, mit Semmelbröseln vermischen. Eier verquirlen. Fleisch kräftig salzen, in Mehl, Ei und Kürbiskernbröseln wenden.
Öl ca. 3–4 cm hoch in einer tiefen Pfanne oder flachen Kasserolle erhitzen, Hühnerstücke vom Körper weg einlegen und auf beiden Seiten goldbraun backen. Während des Backens Pfanne leicht rütteln, Fleisch nur einmal wenden.
Vorsichtig aus der Pfanne heben und auf Küchenkrepp abtropfen lassen und abtupfen.
Essig, Öl und Salz verrühren. Salat damit marinieren und auf Tellern oder in Schüsseln anrichten. Hühnerbruststreifen auf den Salat legen.

TIPP Nach Wunsch mit Radieschen, Kirschtomatenhälften und Gurkenscheiben garnieren.

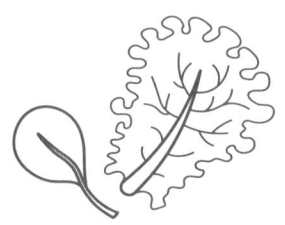

KLEINE SPEISEN UND SUPPEN

Rindsuppe

ZUTATEN FÜR 6 PORTIONEN

1 Zwiebel, mit Schale, halbiert
ca. 400 g Rindfleisch, z.B. Beinfleisch, Teile der Rindsschulter
400 g Rindfleischknochen mit Fleischbehaftung, gehackt
250 g Wurzelwerk (Karotten, Gelbe Rüben, Sellerie und Petersilienwurzel zu gleichen Teilen)
½ Lauchstange
Salz
10 Pfefferkörner, schwarz
etwas Sellerie- und Petersiliengrün
nach Wunsch Liebstöckel
nach Wunsch Brühe, gekörnt
Schnittlauchröllchen zum Bestreuen

ZUBEREITUNG

Zwiebelhälften mit Schale in einer mit Alufolie ausgelegten Pfanne an den Schnittflächen sehr dunkel bräunen. Fleisch und Knochen lauwarm waschen. Wurzelwerk schälen, Lauch halbieren und waschen. Knochen mit ca. 2½ l kaltem Wasser langsam zum Kochen bringen, leicht salzen. Fleisch einlegen.
Aufsteigenden Schaum ständig abschöpfen, Pfefferkörner und Zwiebelhälften beigeben, Suppe leicht wallend kochen.
Während der letzten 20 Minuten Wurzelwerk, Suppengrün und, falls gewünscht, Liebstöckel und gekörnte Brühe beifügen.
Gegartes Fleisch und Knochen aus der Suppe heben. Suppe abseihen, salzen und mit Schnittlauch bestreuen.

KOCHDAUER ca. 2 Stunden

KLEINE SPEISEN UND SUPPEN

Frittaten

ZUTATEN FÜR 4 PORTIONEN
80 g Mehl, glatt
ca. ⅛ l Milch
1 KL Petersilie, gehackt
Salz
1 Ei
1 Dotter
Öl zum Backen

ZUBEREITUNG
Mehl, ⅛ l Milch, Petersilie und Salz in einem Kessel mit einem Schneebesen zu einem glatten Teig verrühren. Ei und Dotter einrühren, Teig ca. 20 Minuten rasten lassen. Bei Bedarf mit Milch verdünnen.
Öl erhitzen, überschüssiges Öl zurückgießen. Etwas Teig in die Pfanne einfließen lassen, gleichmäßig verteilen, goldbraun anbacken. Palatschinke wenden, zweite Seite backen. Mit einer Palette aus der Pfanne heben. Mit dem restlichen Teig ebenso verfahren, erkaltete Palatschinken in feine Streifen schneiden.

Schöberl

ZUTATEN FÜR 4 PORTIONEN
40 g Butter
3 Dotter
1 KL Milch
40 g Mehl, glatt
3 Eiweiß
Salz
Butter und Mehl zum Ausstreichen und Bestauben der Form

ZUBEREITUNG
Handwarme Butter in einem Kessel schaumig rühren, Dotter nach und nach einrühren. Anschließend lauwarme Milch und Mehl dazugeben.
Eiweiß mit Salz zu cremigem Schnee schlagen, diesen unter den Butterabtrieb heben. Masse fingerhoch in eine mit Butter ausgestrichene und mit Mehl bestaubte, flache, rechteckige Form streichen.
Im vorgeheizten Backrohr bei ca. 220 °C Umluft 8–10 Minuten backen, auf Backtrennpapier stürzen.
Erkaltet in kleine Karos schneiden.

Lebernockerl/Leberknödel

ZUTATEN 8–10 NOCKERL/KNÖDEL

200 g Rindsleber, faschiert
30 g Semmelbrösel
30 g Butter oder Rindskernfett, flüssig
1 Ei
2 Knoblauchzehen, gepresst
Majoran, getrocknet, verrieben
1 EL Petersilie, gehackt
Salz
Pfeffer

ZUBEREITUNG

Rindsleber gut mit allen anderen Zutaten und Gewürzen vermischen. Im Kühlschrank ca. 30 Minuten quellen lassen.
Mit einem nassen Löffel und einer mit Wasser benetzten Handfläche Nockerl formen oder in den nassen Handflächen zu Knödeln rollen.
Sofort in Salzwasser oder Suppe einlegen, ca. 8 Minuten zart wallend kochen.

Grießnockerl

ZUTATEN FÜR 4 PORTIONEN

55 g Butter
1 Ei
110 g Grieß
Salz
Prise Muskatnuss, gerieben
Salzwasser oder Suppe zum Kochen

ZUBEREITUNG

Handwarme Butter schaumig rühren. Zimmertemperiertes Ei gut verschlagen, nach und nach einrühren. Grieß und Gewürze einrühren, Masse ca. 15 Minuten kühl rasten lassen.
Mit nassen Löffeln aus der Masse Nockerl ausstechen (formen). In kochendem Salzwasser (Suppe) ca. 10–12 Minuten leicht wallend kochen. Etwas kaltes Wasser zugießen, 10 Minuten zugedeckt ziehen lassen.

KLEINE SPEISEN UND SUPPEN

Gulaschsuppe

ZUTATEN FÜR 4 PORTIONEN
250 g Rindfleisch
(Schulter oder Wadschinken)
200 g Erdäpfel, roh, geschält
3–4 EL Öl
200 g Zwiebeln, fein geschnitten
20 g Paprikapulver, edelsüß
Spritzer Essig
1 KL Tomatenmark
1¼ l Wasser oder Rindsuppe, mild
Salz
Kümmel, gemahlen
Majoran, getrocknet, verrieben
Knoblauch, gepresst

ZUBEREITUNG
Rindfleisch und Erdäpfel getrennt in ca. 1 cm große Würfel schneiden. Öl erhitzen, Zwiebeln goldbraun anrösten, Fleisch beigeben, durchrühren, Paprikapulver einrühren.
Mit Essig ablöschen, Tomatenmark dazugeben, mit Wasser (Suppe) aufgießen. Gewürze beifügen und ca. 75 Minuten kochen.
Erdäpfel hinzufügen, Suppe weiterkochen, bis die Erdäpfel kernig weich sind.

KOCHDAUER ca. 90 Minuten

TIPP Für eine molligere Konsistenz 20 g glattes Mehl mit etwas kaltem Wasser anrühren, zügig in die kochende Suppe einrühren und 3 Minuten verkochen lassen.

Gansleinmachsuppe

ZUTATEN FÜR 4 PORTIONEN

150 g Gänseklein (Hals, Flügel, Herz, Magen, Leber), pariert
1 Gansbügerl
6 Pfefferkörner
100 g Wurzelwerk (Sellerie, Karotten, Gelbe Rüben), geschält
20 g Butter oder Gänseschmalz
20 g Mehl
0,1 l Schlagobers
50 g Erbsen
Salz
Prise Muskatnuss, gerieben
Geflügelbrühe, gekörnt, bei Bedarf
Petersilie, gehackt

ZUBEREITUNG

Gewaschenes Gänseklein und Gansbügerl in einem Topf mit 1¼ l Wasser bedecken. Aufkochen, Schaum abschöpfen, Pfefferkörner beigeben.
Ca. 55 Minuten kochen, eventuell Wasser zugießen. Sellerie, Karotten und Gelbe Rüben beigeben, nochmals ca. 15 Minuten kochen.
Suppe abseihen, Fleisch und Wurzelwerk etwas abkühlen lassen. Fett erhitzen, Mehl farblos anschwitzen, mit Suppe und Obers aufgießen, mit einem Schneebesen verrühren, 10 Minuten kochen.
Erbsen in Salzwasser knackig kochen, abseihen. Fleisch von den Knochen lösen, Haut entfernen, Fleisch, Innereien und Wurzelwerk in Würfel schneiden, mit den Erbsen in die Suppe geben. Mit Salz, Muskatnuss und eventuell mit gekörnter Geflügelbrühe würzen, mit Petersilie vollenden.

GARDAUER ca. 80–90 Minuten

TIPP Bröselknöderl eignen sich hervorragend als Einlage für diese gehaltvolle Suppe.

KLEINE SPEISEN UND SUPPEN

Erdäpfelsuppe

ZUTATEN FÜR 4 PORTIONEN

200 g Erdäpfel, geschält
50 g Speck
80 g Karotten und Knollensellerie, geschält
10 g Steinpilze, getrocknet
½ Zwiebel, geschält
3 EL Pflanzenöl, neutral
1 EL Mehl, glatt
1¼ l Wasser oder Rindsuppe, mild
1 Lorbeerblatt
Majoran, getrocknet, verrieben
1 Knoblauchzehe, gepresst
Salz
2–3 EL Sauerrahm
Spritzer Hesperiden-, Apfel- oder Weinessig
Pfeffer

ZUBEREITUNG

Erdäpfel in ca. 1 cm große Würfel, Speck, Karotten und Sellerie getrennt in 4 mm große Würfel schneiden. Pilze in wenig kaltem Wasser einweichen, Zwiebel fein schneiden.
Öl in einem Topf erhitzen. Speck rösten, Zwiebeln, Karotten und Sellerie beigeben. Glasig rösten, Mehl einrühren, kurz rösten. Mit Wasser (Suppe) aufgießen, glatt verrühren.
Pilze, Lorbeerblatt, Majoran, Knoblauch und wenig Salz beigeben, 10 Minuten kochen.
Erdäpfel hinzufügen, kernig weich kochen. Sauerrahm verquirlen, unter die Suppe rühren. Mit Essig, Salz und Pfeffer würzen, nicht mehr aufkochen.

TIPP Für eine vegetarische Variante ersetzen Sie den Speck durch einen höheren Gemüse-Anteil und gießen mit Wasser oder Gemüsebrühe auf.

KLEINE SPEISEN UND SUPPEN

Bärlauchsuppe mit gebackenem Ei

ZUTATEN FÜR 4 PORTIONEN

für die Suppe
ca. 60 g Bärlauch
30 g Butter
60 g Zwiebeln, fein geschnitten
30 g Mehl, glatt
0,6 l Gemüse- oder Rindsuppe, mild
¼ l Schlagobers
3 EL Sauerrahm
Salz
3 EL Obers, cremig geschlagen
für die gebackenen Eier
5 zimmertemperierte Eier
Salz
2 EL Mehl
3 EL Semmelbrösel oder
Mie de pain (Weißbrot, entrindet, getrocknet, fein gerieben)
Öl zum Ausbacken
zum Anrichten
Bärlauch zum Frittieren

ZUBEREITUNG

Für die Suppe grobe Stiele vom Bärlauch entfernen, Bärlauch waschen und fein schneiden. Butter in einem Topf schmelzen, Zwiebeln glasig rösten. Bärlauch hinzufügen, Mehl einrühren, mit heißer Suppe und flüssigem Obers aufgießen, glatt verrühren.
Ca. 6 Minuten kochen, Sauerrahm einrühren.
4 Eier anstechen. Reichlich Wasser in einem passenden Topf aufkochen. Eier vorsichtig mit einem Suppenlöffel einlegen. 6 Minuten kochen. In eiskaltem Wasser kurz abfrischen, schälen.
Restliches Ei mit einer Gabel verschlagen. Geschälte, noch warme Eier rundum salzen, in Mehl wenden (rollen), durch das Ei ziehen, in Bröseln wenden, abschütteln.
Öl in einem kleinen Topf auf ca. 180 °C erhitzen, panierte Eier einlegen, sodass sie mit Öl bedeckt sind. Unter Schütteln des Topfes goldbraun backen.
Aus dem Öl heben, auf Küchenkrepp abtropfen lassen. Im verbleibenden Öl gut abgetrockneten Bärlauch knusprig frittieren.
Suppe salzen, mixen, mit cremig geschlagenem Obers aufschäumen. Gebackene Eier an beiden Enden etwas abkappen und mittig in die Suppentasse (oder Teller) stellen. Suppe vorsichtig vom Rand aus eingießen. Mit frittiertem Bärlauch garnieren.

Hauptspeisen

WIENER SCHNITZEL,
TAFELSPITZ, ROSTBRATEN
UND VIELES MEHR:
DIE BELIEBTESTEN KLASSIKER.

HAUPTSPEISEN

Krautfleckerl

ZUTATEN FÜR 4 PORTIONEN
200 g Fleckerl
Salz
8 EL Öl oder Schmalz
60 g Zucker
150 g Zwiebeln, fein geschnitten
600 g Weißkraut, ohne Strunk und Außenblätter, geputzt
etwas Suppe oder Wasser
Pfeffer

DAZU PASST
Ein herbes Pils. Oder ein kräftiger Grüner Veltliner, z.B. vom Wagram, oder Riesling, z.B. Kremstal DAC, Traisental DAC oder Wiener Gemischter Satz DAC aus einer guten Lage.

ZUBEREITUNG
Fleckerl in reichlich Salzwasser kernig kochen, abseihen, mit kaltem Wasser abschwemmen und abtropfen lassen. Öl (Schmalz) erhitzen, Zucker unter Rühren dunkel karamellisieren. Zwiebeln hinzufügen, rösten.
Kraut in ca. 1 cm große Quadrate schneiden, mitrösten, mit Suppe (Wasser) untergießen, kräftig mit Salz und Pfeffer würzen. Kernig dünsten, dabei trocken halten. Fleckerl nochmals erhitzen, salzen, pfeffern, mit dem Kraut vermischen.

GARDAUER ca. 40 Minuten

HAUPTSPEISEN

Karfiol mit Butter und Bröseln

ZUTATEN FÜR 2–3 PORTIONEN

1 Karfiol, mittlere Größe
Salz
120 g Butter
80 g Semmelbrösel
1 EL Petersilie, gehackt
2 Eier, hart gekocht, fein gehackt

ZUBEREITUNG

Karfiol von Blättern befreien, kürzen. Karfiol in Röschen teilen. Mit kaltem Salzwasser bedecken, zum Kochen bringen, schwach wallend kernig kochen.
Butter schmelzen, Brösel darin hellbraun rösten, mit Petersilie und gehackten Eiern vermischen und salzen. Karfiol mit einem Lochschöpfer aus dem Sud heben, abtropfen lassen. Karfiol anrichten, Butterbrösel darüber verteilen.

 DAZU PASST

Leichter Weißwein, z.B. niederösterreichischer Müller-Thurgau oder Frühroter Veltliner, Grüner Veltliner vom Löss, steirischer Weißburgunder.

Erdäpfelgulasch

ZUTATEN FÜR 4 PORTIONEN

200 g Zwiebeln, geschält
300 g Wurst (Dürre oder Extra)
800 g Erdäpfel, mehlig, roh, geschält
4 EL Schmalz oder Öl
20 g Paprikapulver, edelsüß
Spritzer Essig
ca. ¾ l Wasser oder Suppe
2 Knoblauchzehen, gepresst
Salz
Pfeffer
Majoran, getrocknet, verrieben
Kümmel, ganz

ZUBEREITUNG

Zwiebeln fein schneiden, enthäutete Wurst würfelig oder in ca. 8 mm dicke Scheiben schneiden (Dürre vorher der Länge nach halbieren), Erdäpfel vierteln. Schmalz (Öl) erhitzen, Zwiebeln goldbraun rösten. Paprikapulver hinzufügen, durchrühren, sofort mit Essig ablöschen.
Mit Wasser (Suppe) aufgießen, Erdäpfel, Knoblauch und Gewürze beigeben und unter oftmaligem Rühren ca. 20 Minuten kochen, bis der Saft durch die Kartoffelstärke cremig wird und die Kartoffeln weich sind; bei Bedarf zusätzliche Flüssigkeit zugießen.
Wurst je nach Sorte einige Minuten mitkochen.

Eiernockerl

ZUTATEN FÜR 6 PORTIONEN

<u>für die Nockerl</u>
500 g Mehl, glatt
3 Eier
3 Dotter
½ l Milch
1 EL Butter, zerlassen
Salz

<u>zum Finalisieren</u>
60 g Butterschmalz oder Öl
Salz
8 Eier
1 EL Schnittlauchröllchen

ZUBEREITUNG

Mehl, Eier, Dotter, Milch, Butter und Salz zu einem glatten Teig verrühren, 10 Minuten rasten lassen. Reichlich Salzwasser aufkochen, Teig mit einer Teigkarte durch ein Nockerlsieb streichen. Zwischendurch umrühren.
Nockerl aufkochen, abseihen, mit heißem Wasser abschwemmen, abtropfen lassen.
Butterschmalz (Öl) in einer Pfanne erhitzen.
Nockerl unter Wenden erhitzen, salzen.
Eier verschlagen, salzen, über die Nockerl gießen, anziehen lassen, durchrühren und leicht bräunen.
Anrichten und mit Schnittlauch bestreuen.

BEILAGENEMPFEHLUNG Häuptelsalat

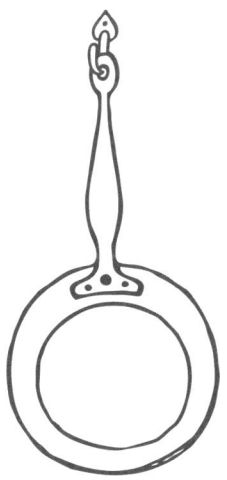

HAUPTSPEISEN

Schinkenfleckerl

ZUTATEN FÜR 4 PORTIONEN

220 g Fleckerl
Salz
250 g Schinken oder Selchfleisch, gekocht
4 Dotter
1 Ei
¼ l Sauerrahm
¼ l Schlagobers
Pfeffer
60 g Weißbrot, getrocknet, entrindet, gerieben
4 Eiweiß
Butter zum Ausstreichen
Semmelbrösel zum Ausstreuen

DAZU PASST
Pfeffriger Grüner Veltliner, z.B. Weinviertel DAC, reife Riesling-Reserve, z.B. Kamptal DAC, oder Wiener Gemischter Satz DAC aus guter Lage.

ZUBEREITUNG

Fleckerl in reichlich Salzwasser kochen, abseihen und kalt abspülen. Schinken (Selchfleisch) kleinwürfelig schneiden.
Dotter, Ei, Sauerrahm und Obers verrühren, mit Salz und Pfeffer würzen, mit Schinken und Fleckerln abrühren. Weißbrotbrösel darunterrühren.
Eiweiß zu cremig-steifem Schnee schlagen, unter die Schinkenfleckerl rühren, nochmals würzen.
Eine Auflaufform mit Butter ausstreichen, mit Bröseln ausstreuen, Masse einfüllen und im vorgeheizten Backrohr goldbraun backen.

BACKTEMPERATUR 200 °C Umluft

BACKDAUER ca. 35 Minuten

BEILAGENEMPFEHLUNG Häuptel- oder Bummerlsalat

HAUPTSPEISEN

Grammelknödel

ZUTATEN FÜR 4 PORTIONEN

250 g Grammeln
20 g Schweineschmalz
Salz
40 g Butter
100 g Mehl, glatt
50 g Kartoffelstärke
500 g Erdäpfel, mehlig, geschält, gekocht, passiert
4 Dotter
50 g Grieß
Mehl zum Arbeiten
Schweineschmalz zum Bestreichen

DAZU PASST

Grüner Veltliner Weinviertel DAC, Wiener Gemischter Satz DAC, burgenländischer Welschriesling oder Weißburgunder, z.B. Leithaberg DAC. Oder Schilcher aus der Weststeiermark.

ZUBEREITUNG

Grammeln fein hacken, mit Schmalz und Salz vermischen. Einige Stunden kühlen, bis die Masse formbar wird. Kleine Kugeln (Größe entsprechend der geplanten Knödelanzahl) formen, nochmals kühlen.
Butter lauwarm schmelzen, Mehl mit Stärke vermischen. Passierte Erdäpfel, Dotter, Mehl-Stärke-Mischung, Grieß, geschmolzene Butter und Salz zu einem Teig verkneten.
Teig auf einer bemehlten Arbeitsfläche ca. 5 mm stark ausrollen und in Quadrate schneiden (Größe richtet sich nach der geplanten Anzahl der Knödel).
Grammelkugeln mit Teig umhüllen, überschüssigen Teig ablösen, mit bemehlten Handflächen glatt und rund rollen.
Reichlich Salzwasser aufkochen, bei mäßiger Hitze ca. 20 Minuten, je nach Größe der Knödel, ziehen lassen (das Wasser darf nicht kochen).
Aus dem Wasser heben, abtropfen lassen, anrichten, mit etwas heißem Schweineschmalz bestreichen.

HAUPTSPEISEN

Blunzengröstel

ZUTATEN FÜR 4 PORTIONEN

600 g Erdäpfel, speckig
400 g Blunzen
100 g Zwiebeln, geschält
80 g Schweineschmalz
Salz
Pfeffer
Majoran, getrocknet, verrieben

DAZU PASST

Kräftiger Grüner Veltliner, z.B. Weinviertel DAC Reserve, Zierfandler aus der Thermenregion, klassischer Chardonnay oder steirischer Sauvignon Blanc. Alternativ leichter, kühl servierter Rotwein.

ZUBEREITUNG

Erdäpfel waschen, in reichlich Wasser kochen, noch heiß schälen, erkaltet in ca. 5 mm dicke Scheiben schneiden. Blunzen enthäuten und in ca. ca. 7 mm dicke Scheiben schneiden, Zwiebeln feinwürfelig schneiden.
Zwiebeln in wenig Schmalz hell anschwitzen. Erdäpfel beigeben, rösten, mit Salz, Pfeffer und Majoran würzen. Erdäpfel aus der Pfanne heben, warm stellen. Restliches Schmalz erhitzen, Blutwurst sehr knusprig braten, Erdäpfel wieder beigeben und vermischen.

BEILAGENEMPFEHLUNG Krautsalat, Bummerlsalat

HAUPTSPEISEN

Reisfleisch

ZUTATEN FÜR 4 PORTIONEN

600 g Kalbsschulter, ausgelöst
Salz
Pfeffer
Mehl zum Bestauben
3 EL Öl
120 g Zwiebeln, geschnitten
1 EL Paprikapulver, edelsüß
0,7–0,8 l Suppe, Kalbsfond, braun, oder Wasser
4 Knoblauchzehen, gepresst
350 g Rundkornreis
Parmesan oder Emmentaler, gerieben, zum Bestreuen

ZUBEREITUNG

Fleisch in ca. 2 cm große Würfel schneiden, salzen, pfeffern und mit Mehl bestauben, gut vermischen. Öl in einer flachen Kasserolle erhitzen, Fleisch darin auf allen Seiten anbraten. Zwiebeln hinzufügen, unter Rühren glasig anschwitzen. Mit Paprika bestauben, durchrühren, sofort mit ca. 0,3 l heißer Suppe (braunem Fond oder Wasser) ablöschen. Knoblauch hinzufügen, aufkochen und zugedeckt bei 180 °C im vorgeheizten Backrohr dünsten. Nach ca. 50 Minuten Reis beimengen. Mit restlicher, heißer Flüssigkeit aufgießen, kräftig salzen, umrühren. Einige Minuten auf dem Herd kochen, bis die Flüssigkeit aufgesogen ist.
Anschließend im Backrohr bei 160 °C weitere 25 Minuten dämpfen. Bei Bedarf noch etwas Flüssigkeit ergänzen. Mit einer Bratengabel vorsichtig auflockern, anrichten und mit geriebenem Käse bestreuen.

BEILAGENEMPFEHLUNG Häuptelsalat

TIPP Verwenden Sie zur Abwechslung kostengünstigere Schweinsschulter und rösten Sie ca. 100 g kleinwürfelig geschnittenen Frühstücksspeck mit.

HAUPTSPEISEN

Zander mit Szegediner Kraut

ZUTATEN FÜR 4 PORTIONEN

600 g Sauerkraut
1 Paprikaschote, rot,
ohne Stiel und Samen
4 EL Öl
100 g Zwiebeln, fein geschnitten
1 EL Paprikapulver, edelsüß
0,4 l Suppe, mild
1 Lorbeerblatt
1 KL Kümmel, ganz
4 Wacholderbeeren
⅛ l Sauerrahm
10 g Mehl, glatt
700 g Zanderfilet, mit Haut,
küchenfertig
Salz
Mehl zum Wenden
Öl oder Butterschmalz zum Braten
30 g Butter
1 KL Knoblauch, gepresst

DAZU PASST

Burgenländischer Welschriesling oder Weißburgunder, z.B. Leithaberg DAC, steirischer Sauvignon Blanc. Konträre Geheimtipps: Klöcher Traminer oder gekühlter Blaufränkisch.

ZUBEREITUNG

Falls das Sauerkraut zu sauer ist, kurz in kaltem Wasser abspülen und abtropfen lassen. Einige Male durchschneiden. Paprikaschote in Streifen schneiden. Öl in einer Kasserolle erhitzen, Zwiebeln darin hell rösten, Paprika einrühren, sofort mit Suppe aufgießen. Sauerkraut und Gewürze beigeben, verrühren. Zugedeckt ca. 40 Minuten dünsten, Paprikastreifen beigeben, 5 Minuten weiterdünsten. Sauerrahm mit 10 g Mehl verrühren, zügig unter das Kraut mischen, 2–3 Minuten dünsten.
Zanderfilet je nach Größe in 4 oder 8 Stücke teilen, salzen, Hautseite in Mehl andrücken, leicht anpressen, abschütteln.
Öl (Butterschmalz) in einer Pfanne erhitzen (am besten eine beschichtete Pfanne verwenden). Zanderfilet mit der Hautseite nach unten einlegen und je nach Dicke der Filets ca. 5 Minuten kross braten.
Wenden und bei mäßiger Hitze farblos ziehen lassen. Die Filets sollen innen noch glasig sein. Szegediner Kraut auf vorgewärmten Tellern in der Mitte anrichten, Filets daraufsetzen.
Aus der Fischpfanne das überschüssige Öl abgießen, Butter darin aufschäumen, Knoblauch einrühren, Knoblauch-Butter über die Fischfilets gießen.

TIPP Besonders fruchtig gerät das Kraut, wenn man zum Schluss Sechstel von 2 geschälten, entkernten Tomaten beifügt.

HAUPTSPEISEN

Faschierte Laibchen

ZUTATEN FÜR 4 PORTIONEN

1¼ Semmeln
50 g Zwiebeln, fein geschnitten
3 EL Öl
2 Knoblauchzehen, gepresst
600 g Faschiertes, gemischt
1 Ei
Salz
Pfeffer
reichlich Majoran, getrocknet, verrieben
1 EL Petersilie, gehackt
Semmelbrösel zum Wenden
4 EL Öl

ZUBEREITUNG

Semmeln in Wasser einweichen, ausdrücken, mixen oder passieren. Zwiebeln in heißem Öl hell anrösten, Knoblauch beigeben, erkalten lassen.
Mit Semmelmasse, Fleisch, Ei, Salz, Pfeffer, Majoran und Petersilie gut vermischen.
Faschiertes mit nassen Handflächen zu gleich großen Kugeln formen, flach drücken. In Semmelbröseln wenden, leicht anpressen.
Öl in einer flachen Pfanne erhitzen. Laibchen einlegen, braun anbraten, wenden, langsam fertig braten.

BRATDAUER 8 Minuten

TIPP Verwenden Sie zu gleichen Teilen Rindsschulter und Schweineschulter oder -schopf.

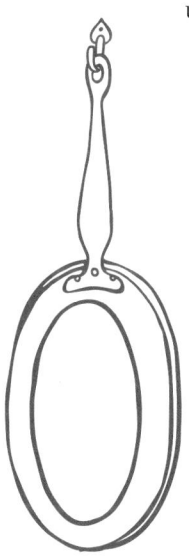

HAUPTSPEISEN

Stephaniebraten

ZUTATEN FÜR 4 PORTIONEN

1½ Semmeln
50 g Zwiebeln, fein geschnitten
3 EL Öl
2 Knoblauchzehen, gepresst
600 g Faschiertes, gemischt
1 Ei
Salz
Pfeffer
reichlich Majoran, getrocknet, verrieben
1 EL Petersilie, gehackt
1 Schweinsnetz
Öl für die Bratenpfanne

für die Fülle
4–5 Eier, hart gekocht
ca. 6 Essiggurken
2 EL Öl

für den Saft
½ KL Mehl, glatt
0,4 l Rindsuppe, Fond, braun, oder Wasser

DAZU PASST

Grüner Veltliner, z.B. Weinviertel DAC, Wiener Gemischter Satz DAC, steirischer Morillon (Chardonnay). Alternativ leichter, kühl servierter Rotwein.

ZUBEREITUNG

Semmeln in Wasser einweichen, ausdrücken, mixen oder passieren. Zwiebeln in heißem Öl hell anrösten, Knoblauch beigeben, erkalten lassen. Mit Semmelmasse, Faschiertem, Ei, Salz, Pfeffer, Majoran und Petersilie gut vermischen.
Schweinsnetz in kaltem Wasser einweichen. Faschiertes weckenförmig formen, der Länge nach mit der Handkante eine breite Vertiefung einkerben.
Eier für die Fülle schälen, an den Enden abkappen. Eier und Gurken der Länge nach in die Vertiefung einschichten. Öffnung mit Faschiertem verschließen, mit befeuchteten Handflächen verstreichen.
Schweinsnetz aus dem Wasser heben, abspülen, ausdrücken, mit Küchenkrepp abtrocknen. Auf der Arbeitsfläche ausbreiten, Faschiertes drauflegen, mit Netz umhüllen. Braten in eine mit Öl ausgestrichene Bratenpfanne legen. Im auf 200 °C vorgeheizten Backrohr braten, dabei immer wieder mit austretendem Fett begießen.
Fertigen Braten aus der Bratenpfanne heben.
Zur Saftgewinnung überschüssiges Fett abgießen. Bratenrückstand mit Mehl stauben, kurz rösten, mit Suppe (Fond oder Wasser) aufgießen, reduzierend kochen.

BRATDAUER ca. 40 Minuten, einige Minuten rasten lassen

TIPP Falls Sie kein Schweinsnetz zur Verfügung haben, können Sie den Braten auch ohne Netz zubereiten: Oberfläche mit befeuchteten Handflächen mehrmals gut glatt streichen, damit der Braten an der Oberseite nicht rissig wird.

HAUPTSPEISEN

Gefüllte Paprika

ZUTATEN FÜR 4 PORTIONEN

8 Paprikaschoten, hellgrün, dünnwandig
1 Semmel oder 2 Scheiben Weißbrot
40 g Butter
100 g Zwiebeln, fein geschnitten
30 g Mehl
½ l Rindsuppe, mild, oder Wasser
1 EL Tomatenmark
1 kg Paradeiser, klein geschnitten
15 Pfefferkörner
Salz
etwas Zucker
500 g Faschiertes,
Rind und Schwein gemischt
150 g Reis, gekocht oder gedünstet
3 Knoblauchzehen, gepresst
Pfeffer
Majoran, getrocknet, verrieben

DAZU PASST

Burgenländischer Welschriesling oder Weißburgunder (z.B. Leithaberg DAC). Oder kräftiger Blaufränkisch (z.B. Rosalia, Mittelburgenland oder Eisenberg DAC).

ZUBEREITUNG

Stiel aus den Paprika herausschneiden, reinigen, bis zur weiteren Verwendung zur Seite legen. Samenkörner entfernen, Schoten innen und außen waschen. Semmel (Weißbrot) in kaltem Wasser einweichen, leicht abpressen, faschieren oder mixen.
Butter in einer Kasserolle schmelzen, Zwiebeln glasig anrösten, Mehl einrühren. Mit Suppe (Wasser) aufgießen, Tomatenmark hinzufügen, mit einem Schneebesen glattrühren. Paradeiser und Pfefferkörner hinzufügen, 20 Minuten kochen. Passieren, mit Salz und Zucker würzen.
Faschiertes, Reis, Semmel (Weißbrot), Knoblauch, Salz, Pfeffer und Majoran vermischen. Masse mit der Hand in die Paprika füllen, Stiel als Verschluss auf die Öffnung drücken.
Paprika in eine passende Form oder feuerfeste Kasserolle setzen, mit Sauce übergießen, schwach wallend zugedeckt dünsten (am besten im auf 160 °C vorgeheizten Backrohr). Mit der Sauce anrichten.

GARDAUER 40–50 Minuten

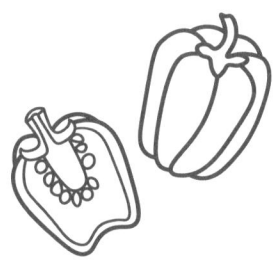

HAUPTSPEISEN

Wiener Schnitzel mit Erdäpfel-Salat

ZUTATEN FÜR 4 PORTIONEN

600–700 g Kalbsschale oder
Frikandeau, geputzt
Salz
2 Eier
Mehl, glatt oder Universal, zum Wenden
Semmelbrösel zum Panieren
Öl oder Butterschmalz zum Backen
<u>für den Salat</u>
70 g Zwiebeln, weiß, geschält
0,3 l Rindsuppe
1/16 l Tafelessig
10 g Salz
1 kg Erdäpfel, festkochend, gekocht, geschält
1/16 l Öl
1 Handvoll Vogerlsalat
Pfeffer

DAZU PASST

Grüner Veltliner und Riesling in allen Facetten, Wiener Gemischter Satz DAC, Rotgipfler oder Neuburger aus der Thermenregion. Alternativ leichter, kühl servierter Rotwein.

ZUBEREITUNG

Für den Salat Zwiebeln fein schneiden. Suppe erwärmen und gut mit Essig, Salz und Zwiebeln vermischen. Lauwarme Erdäpfel messerrückendick direkt in die Marinade schneiden. 30 Minuten rasten lassen, dabei von Zeit zu Zeit mit einer Spachtel rühren, damit die Scheiben nicht zusammenkleben. Öl unterrühren, mit einer Spachtel rühren, bis der Salat leicht cremig ist, mit Pfeffer abschmecken. Kurz vor dem Servieren Vogerlsalat untermischen.

Fleisch per Faltschnitt (Schale auch in einem Stück) in 4 Schnitzel portionieren. Mit Klarsichtfolie bedecken und zart mit einem Fleischklopfer (flache Seite) oder Plattiereisen aus Metall ca. 4–6 mm dick plattieren. Beidseitig gleichmäßig salzen. Eier mit einer Gabel verschlagen (nicht mixen). Schnitzel beidseitig in Mehl wenden, durch die Eier ziehen, abtropfen lassen und in Semmelbröseln wenden. Brösel zart andrücken, Schnitzel leicht abschütteln.

Reichlich Fett (2–3 cm tief) in einer Pfanne auf ca. 180 °C erhitzen, Schnitzel einlegen. Unter wiederholtem Schwingen der Pfanne bräunen, vorsichtig mit einer Fleischzange wenden. Fertig backen und mit einer Backschaufel aus der Pfanne heben. Abtropfen lassen, überschüssiges Fett mit Küchenkrepp abtupfen.

GARDAUER je nach Stärke ca. 3–5 Minuten

Fiakergulasch

ZUTATEN FÜR 4 PORTIONEN

700 g Zwiebeln
2 Knoblauchzehen
1 kg Wadschinken
5 EL Öl oder Schweineschmalz
2 EL Paprikapulver, edelsüß
1 EL Hesperiden- oder Weißweinessig
1 EL Tomatenmark
1 KL Kümmel, gemahlen
etwas Bio-Zitronenschale, abgerieben
4 Eier
4 Essiggurken
4 Frankfurter Würstchen

DAZU PASST

Ein gut gezapftes, helles Bier, aber auch klassisch-pfeffriger Grüner Veltliner oder Chardonnay und Weißburgunder mit Struktur. Alternativ kraftvoller Rotwein.

ZUBEREITUNG

Zwiebeln schälen, fein schneiden. Knoblauch schälen und hacken. Fleisch mit dem Faserlauf in ca. 4 cm breite Streifen, anschließend in daumenbreite Scheiben schneiden.
Fett erhitzen, Zwiebeln unter ständigem Rühren braun rösten. Topf kurz zur Seite stellen, Paprikapulver einrühren, sofort mit Essig ablöschen, ca. 1 l Wasser zugießen und ca. 20 Minuten dünsten.
Fleisch und Tomatenmark in den etwas abgekühlten Gulaschansatz geben. Kümmel, Knoblauch, Zitronenschale und Majoran einrühren, salzen. Gemeinsam aufkochen.
Zugedeckt auf dem Herd oder im Backofen bei 180 °C ca. 2–2¼ Stunden dünsten. Bei Bedarf Flüssigkeit ergänzen, öfters umrühren.
Mehl mit etwas kaltem Wasser glatt rühren. Mehl-Wasser-Gemisch zügig mit einem Kochlöffel in das kochende Gulasch einrühren und weitere 5 Minuten dünsten. Gulasch auf dem Teller mit jeweils 1 Frankfurter, 1 Essiggurke und 1 Spiegelei anrichten.

TIPP Klassischerweise verwendet man für Gulasch den so genannten hinteren Wadschinken (durchwachsenes Wadenfleisch), alternativ eignen sich „Gschnatter Anschnitt" (saftiges Kniekehlenfleisch mit weniger Flachsen) oder Wadschinken. Wer mageres, flachsenfreies Fleisch bevorzugt, verwende Fleischteile von der Schulter oder vom Kopf des Rindsfilets (Lungenbratengulasch).

Plachuttas Rindfleischküche

Der gekochte Tafelspitz gilt neben dem Wiener Schnitzel als die Wiener Spezialität schlechthin. Seine Zubereitung unterliegt strengen Regeln. So gilt es als unumstößlich, dass er in kochendes Wasser eingelegt werden muss. Vergleichstests haben allerdings ergeben, dass es geschmacklich keinen Unterschied macht, wenn er mit kaltem Wasser zugestellt und gekocht wird. Wer gekonnt überprüfen will, wie es beim gesottenen Rindfleisch im Allgemeinen und beim Tafelspitz im Speziellen um den Garzustand bestellt ist, teste dies mit der Fleischgabel oder einem dünnen Spieß: Sie sollten im fertig gegarten Fleisch auf wenig Widerstand stoßen. Um den genauen Zeitpunkt dafür zu erspüren, bedarf es etwas Erfahrung, Routine und Fingerspitzen- bzw. besser gesagt: Gabelspitzengefühl.

Der gekochte Tafelspitz gilt ist das Paradegericht der Rindfleischküche.

PLACHUTTA — »WO DER TAFELSPITZ ZUHAUSE IST«

Unweit von Schloss Schönbrunn, dort, wo ein herrschaftliches Haus die Hietzinger Hauptstraße und die Auhofstraße teilt, befindet sich die Geburtsstätte der Wiener Rindfleisch-Renaissance. Als Ewald und Eva Plachutta im Jahre 1987 das hier befindliche „Hietzinger Bräu" erwarben, gaben sie dem gesottenen Rindfleisch, allem voran dem legendären Tafelspitz, eine würdige Heimstätte.

Bei Plachutta werden die besten, täglich frisch gekochten Gustostückerl vom Rind, inklusive der kräftigen, mit „Goldaugen" bedeckten Rindsuppe, wie beim Essen zu Hause in der Mitte der Restauranttische platziert. Zuerst genießt man die gehaltvolle Suppe mit täglich wechselnden Suppeneinlagen, geschnittenem Wurzelgemüse und Lauchstreifen. Dazu gibt es pochierte Markscheiben mit frisch gebähtem Roggenbrot und Salz und Pfeffer aus der Mühle. Anschließend delektiert man sich an dem in der Suppe heiß und saftig gehaltenen Tafelspitz und diversen „Scherzeln" und „Schwanzeln".

Garant für gleichbleibende Qualität ist ausgewähltes Fleisch von in Österreich geborenen und möglichst naturnah gehaltenen Tieren (Ochse, Kalbin, Jungrind), das mit viel Erfahrung sanft simmernd zubereitet wird. Als traditionelle Beigaben werden zart gebundenes Gemüse wie Cremespinat, Dillfisolen, Kochsalat mit Erbsen, Kohl und Kürbis sowie knusprige Rösterdäpfel, Semmelkren, Schnittlauchsauce und Apfelkren gereicht.

Als Erstes wird die gehaltvolle Suppe mit traditionellen Einlagen gereicht.

Nach beruflichen Wanderjahren durch mehrere Kontinente kehrte Mario Plachutta 1993 nach Wien zurück und entschloss sich mit dem bereits vom Elternhaus erfolgreich erprobten Rindfleischkonzept zur Selbstständigkeit. Mit der Eröffnung des „Plachutta Wollzeile" in bester Lage in der Wiener Innenstadt und im darauf folgenden Jahr mit „Plachutta Nussdorf" in malerischer Nähe der Weinberge und der Donau legte Mario Plachutta den Grundstein dafür, dass sich „Plachutta" zu einer Marke mit weltweiter Bekanntheit und ebensolcher Reputation entwickelte.

PLACHUTTAS TAFELSPITZ & CO

Die drei Plachutta-Restaurants in der Wollzeile in der Wiener Innenstadt, im nahe bei Schönbrunn gelegenen Hietzing und im Heurigen-Vorort Nussdorf bieten als Schwerpunkt gesottenes Rindfleisch. Täglich werden hier die elf besten Teilstücke des Rindes mit ihrer unterschiedlichen Form, Farbe und Fleischstruktur – kernig oder feinfaserig, mit zarter Fetteindeckung oder mit papierdünnen Häutchen umschlossen – frisch gekocht.

Diese Mischung aus hochwertigen Keulen- und Schulterstücken sowie Teilen aus dem Rippenbereich des Rindes mit ihrer unterschiedlichen Textur und ihrem jeweils eigenen Geschmack bildet die Basis des „Plachutta-Siedefleischkonzeptes". Dafür werden junge Rinder gewählt, deren Fleisch kürzere Garzeiten benötigt und sehr mürbe und zart ist. Besonders wichtig ist die zarte Marmorierung des Fleisches – ein Zeichen guter Fütterung und ausreichender Bewegung des Tiers.

Tafelspitz & Co

Der Tafelspitz ist die Krönung des Siedefleisches, das begehrteste und im Einkauf teuerste Teilstück vom Rind. Er befindet sich – wie auch das Tafelstück und das Weiße Scherzel (zusammen: Frikandeau) – an der Außenseite der Keule (Knöpfel). Charakteristisch ist seine satte Fetteindeckung, das Qualitätsmerkmal schlechthin. Wie das an der Unterseite befindliche Häutchen darf sie nicht vor dem Kochprozess entfernt werden. Das Fleisch ist kurzfaserig, saftig und von vollendetem Rindfleischgeschmack. Geschnitten wird der Tafelspitz, wie auch alle anderen Teilstücke, quer zum Faserverlauf. Um diesen zu erkennen, dreht man den Tafelspitz so, dass die Fetteindeckung nach unten zeigt.

TAFELSTÜCK Das Tafelstück ist die Verlängerung des Tafelspitz. Im Unterschied zu diesem weist es eine grobfaserigere und magere Struktur ohne Marmorierung auf und wird deshalb vor allem von Linienbewussten bevorzugt.

SCHULTERSCHERZEL Das Schulterscherzel kommt in der Beliebtheitsskala gleich nach dem Tafelspitz. Sein Fleisch zeichnet sich durch besondere Kurzfaserigkeit aus, es ist sehr saftig und überzeugt mit ausgeprägtem Geschmack. Charakteristisch für das Schulterscherzel ist die in der Mitte gallertartige, sich nach vorne verjüngende Struktur. In Deutschland wird es als Schaufelstück oder Mittelbugstück gehandelt.

WEISSES SCHERZEL Vielfach wird dieser Teil in unmittelbarer Nähe zum Tafelstück aufgrund seiner langen, gleichförmig runden Form als falsches Filet bezeichnet. Es hat immer ein rundes Ende. Auffallend ist seine weißliche, helle Farbe. Nach dem Kochen weist es eine bröslige, äußerst magerere Struktur auf. In Deutschland wird es als Schwanzrolle oder Rolle gehandelt, in der Schweiz als runder Mocken bezeichnet.

HÜFERSCHWANZEL Im Aussehen ähnelt das Hüferschwanzel dem Tafelspitz, ist jedoch wesentlich kleiner als dieser. Das sehr saftige, mit kräftiger Fetteindeckung ausgestattete Teilstück gilt als ideale Alternative zum Tafelspitz. In Deutschland kennt man es unter der Bezeichnung „Bürgermeisterstück".

HÜFERSCHERZEL Unmittelbar an die Beiried anschließend, ist dieses etwas größere Teilstück der Keule fallweise intramuskulär mit zartem Fett ausgestattet und besonders hochwertig. In Deutschland wird es als Hüfte bezeichnet. In den USA schneidet man daraus „Sirloinsteaks".

KAVALIERSPITZ Der Kavalierspitz (Schaufeldeckel) ist ein sehr flacher, durchwachsener Teil, der auf der Unterseite des Schulterblattes liegt. Er besticht durch seinen ausgeprägten Rindfleischgeschmack.

KRUSPELSPITZ Wie der Name schon sagt, ist dieses Teilstück mit einem weichen Kruspel des Schulterblattes behaftet. Seine teilweise grobfasrige Struktur ist wie geschaffen für Rindfleischgenießer, die einen kernigen Biss bevorzugen, die weichgekochten Kruspeln sind bissfest, aber essbar.

MAGERES MEISEL Das Gustostück aus der Schulter ist durch seine Zapfenform leicht erkennbar. Das Fleisch ist kernig, sehr mager, muskulös, von kerniger Textur und wird von Kennern sehr geschätzt.

BEINFLEISCH Dieses sehr beliebte Rippenfleisch, das auch der Rindsuppe zu kräftigem Geschmack verhilft, gewinnt beim Kochen kräftig an Volumen, ist unterspickt und besonders saftig. Beinfleisch ist einer der großen Klassiker der Siedefleischküche.

PÖKELZUNGE Besonders zart präsentiert sich die gepökelte Rindszunge, die stets extra gekocht werden muss, da sie mitgekochtes Rindfleisch rot färbt. Gekochte Zunge ist auch kalt serviert ein gefragtes Gericht.

GUSTOSTÜCKERL Einer der Highlights bei Plachutta sind die kombinierten „Gustostückerl", die sich der Gast nach Lust und Laune aus dem Repertoire aus drei Teilstücken zusammenstellen kann.

LUEGER TOPF Diese Spezialität bietet eine Kombination aus gesottenem Rindfleisch, Kalbskopf und Pökelzunge.

FLEDERMAUS Die sogenannte Fledermaus ist ein kleiner, durchzogener, sehr saftiger wangenartiger Teil des Rindes, der vom Kreuzbein abgelöst wird. Nach dem Kochen zeigt sich im Querschnitt die Struktur einer Fledermaus. Bei Plachutta wird die gekochte Fledermaus in der kalten Jahreszeit mit einer würzigen Krensauce überzogen und mit forcierter Oberhitze überbacken.

HAUPTSPEISEN

Tafelspitz

ZUTATEN FÜR 6 PORTIONEN

1 Zwiebel, mit Schale, halbiert
ca. 2 kg Tafelspitz
10–15 Pfefferkörner, schwarz
250 g Wurzelwerk, geschält
(Karotte, Gelbe Rübe, Sellerie und
Petersilwurzel zu gleichen Teilen)
½ Lauchstange, halbiert, gewaschen
Brühe, gekörnt, bei Bedarf
Salz
Schnittlauchröllchen zum Bestreuen
Suppeneinlage nach Wunsch

DAZU PASST

Kräftiger Weißwein mit etwas
Flaschenreife, z.B. Grüner Veltliner
Kremstal DAC, oder reifer Riesling,
z.B. Smaragd aus der Wachau.
Alternativ fruchtiger Rotwein.

ZUBEREITUNG

Zwiebel samt Schale in einer mit Alufolie ausgelegten Pfanne ohne Fett an den Schnittflächen sehr dunkel bräunen. Fleisch kurz lauwarm waschen, abtropfen lassen. 3,5 l Wasser aufkochen, Fleisch einlegen, schwach wallend kochen. Aufsteigenden Schaum ständig abschöpfen, Pfefferkörner und Zwiebel beigeben, schwach salzen.
Ca. 25 Minuten vor dem voraussichtlichen Garende Wurzelwerk, Lauch und, falls gewünscht, gekörnte Brühe beifügen. Gekochtes Fleisch aus der Suppe heben, in fingerdicke Scheiben schneiden.
Anrichten und mit Salz und Schnittlauch bestreuen. Suppe abseihen, mit Salz abschmecken. Wurzelwerk in Scheiben, Lauch in Stücke schneiden und gemeinsam mit dem geschnittenen Fleisch in die Suppe geben, mit Schnittlauch bestreuen.
Bei Tisch zunächst die Suppe samt Wurzelwerk und Lauch entnehmen und mit Einlage nach Wunsch servieren, als zweiten Gang den Tafelspitz.

KOCHDAUER ca. 3–3½ Stunden

BEILAGENEMPFEHLUNG Schnittlauchsauce, Apfel- oder Semmelkren, Rösterdäpfel, Cremespinat, Dillfisolen, Kochsalat mit Erbsen, Kohl nach Wiener Art oder Dillkürbis

Tipps zum Rezept finden Sie auf S. 76

TIPPS Geben Sie 5 Minuten vor Kochende 4 blanchierte Markscheibenknochen in die Suppe und servieren Sie diese anschließend mit geröstetem (gebähtem) Schwarzbrot, Meersalz und frisch gemahlenem schwarzen Pfeffer. Servieren Sie Suppe, Gemüse und den geschnittenen Tafelspitz im Topf. So bleibt das Fleisch saftig und heiß. Auf dieselbe Art lassen sich Hüferscherzel, Hüferschwanzel, Mageres Meisel, Kruspelspitz, Weißes Scherzel, Schulterscherzel, Kavalierspitz, Tafelstück oder Beinfleisch sowie andere zum Kochen geeignete Teile des Rindes zubereiten.

Apfelkren

ZUTATEN FÜR 4 PORTIONEN
400 g Äpfel, geschält, entkernt
1–2 EL Zitronensaft
10 g Zucker
15 g Kren, gerieben
Prise Salz
1 EL Öl

ZUBEREITUNG
Äpfel zerkleinern, mit ganz wenig Wasser, Zitronensaft und Zucker zugedeckt weich dünsten. Äpfel passieren, erkalten lassen und mit den restlichen Zutaten vermischen

Apfelkren aus rohen Äpfeln

ZUTATEN FÜR 4 PORTIONEN
300 g Äpfel, säuerlich, geschält, entkernt
2–3 EL Zitronensaft
15 g Kren, gerieben
10 g Zucker
Prise Salz
1 EL Öl

ZUBEREITUNG
Äpfel mit dem Krenreißer fein schaben und sofort (um Braunfärbung zu vermeiden) mit Zitronensaft verrühren. Kren, Zucker, Salz und Öl beimengen.

Semmelkren

ZUTATEN FÜR 4 PORTIONEN

125 g Semmeln vom Vortag
oder Semmelwürfel, getrocknet
ca. 0,6 l Rindsuppe
⅛ l Schlagobers
Salz
ca. 3 EL Kren, gerieben

ZUBEREITUNG

Semmeln in Würfel schneiden. Semmelwürfel, Suppe, Obers und Salz vermischen. Unter Rühren zum Kochen bringen, Kren einrühren. Bei Bedarf noch etwas Suppe zugießen

Schnittlauchsauce

ZUTATEN FÜR 4 PORTIONEN

100 g Weißbrot, entrindet
0,2 l Milch
2 Dotter, gekocht
2 Dotter, roh
Salz
Apfel- oder Hesperidenessig
nach Geschmack
Pfeffer
Prise Zucker
0,4 l Pflanzenöl, geschmacksneutral
1 Ei, gekocht, fein gehackt
4–5 EL Schnittlauchröllchen

ZUBEREITUNG

Weißbrot in kalter Milch einweichen, anschließend leicht ausdrücken. Weißbrot, rohe und gekochte Dotter, Salz, Essig, Pfeffer und Zucker mit einem Stabmixer unter ständiger Beigabe von Öl zu einer sämigen Sauce verarbeiten.
Gekochtes, gehacktes Ei und Schnittlauch einrühren, einige Stunden kühl aromatisieren lassen.

TIPP Wenn man den Schnittlauch weglässt und erst vor dem Servieren einrührt, hält sich die Sauce gut gekühlt einige Tage.

Dillkürbis

ZUTATEN FÜR 4 PORTIONEN

1 kg Stangen- oder Muskatkürbis
80 g Zwiebeln
Salz
20 g Butter
0,2 l Gemüsesuppe
1 EL Paprikapulver, edelsüß
1 EL Dillspitzen, gehackt
etwas Apfelessig
20 g Mehl
0,2 l Sauerrahm
Pfeffer

ZUBEREITUNG

Kürbis schälen, entkernen und raspeln oder in Scheiben schneiden. Zwiebeln fein schneiden, Kürbis mit Salz abmischen. Nach 30 Minuten leicht abpressen. Zwiebeln in heißer Butter hell rösten, Kürbis hinzufügen. Mit Suppe aufgießen, zugedeckt ca. 6–8 Minuten dünsten. Paprikapulver, Dill und Essig einrühren. Mehl und Sauerrahm mit einem Schneebesen glatt verrühren, unter den Kürbis rühren, aufkochen und würzen.

Dillfisolen

ZUTATEN FÜR 4 PORTIONEN

1 kg Fisolen
Salz
20 g Butter
20 g Mehl
0,2 l Suppe, mild
¼ l Sauerrahm
1 EL Dillspitzen, gehackt
Pfeffer
Apfel- oder Hesperidenessig

ZUBEREITUNG

Enden der Fisolen abkappen, an den Nahtstellen befindliche Fäden abziehen. Fisolen in Salzwasser knackig kochen, abseihen, mit kaltem Wasser abfrischen, in Rauten schneiden.
Butter in einer flachen Kasserolle schmelzen, Mehl einrühren, hell rösten.
Mit heißer Suppe aufgießen, mit einem Schneebesen glatt verrühren, Sauerrahm einrühren, gekochte Bohnen daruntermischen, kurz aufkochen. Dill einrühren, mit Salz, Pfeffer und Essig würzen.

Kohl nach Wiener Art

ZUTATEN FÜR 6 PORTIONEN

800 g Kohl, geputzt
Salz
20 g Butter
20 g Mehl
¼ l Rindsuppe
60 g Frühstücksspeck
1–2 Knoblauchzehen, gepresst
Pfeffer

ZUBEREITUNG

Kohl von Außenblättern befreien, halbieren, Strunk herausschneiden. Kohl in grobe Streifen schneiden. In Salzwasser knackig kochen, abseihen, in kaltem Wasser abfrischen, abseihen, abpressen und grob hacken.
In einer Kasserolle Butter schmelzen, Mehl einrühren, hell anschwitzen, mit heißer Suppe aufgießen, mit einem Schneebesen glatt verrühren. Kohl einrühren und ca. 5 Minuten kochen.
Speck in Würfel schneiden, in einer Pfanne rösten, unter den Kohl mischen, mit Knoblauch, Salz und Pfeffer würzen.

Rösterdäpfel

ZUTATEN FÜR 4 PORTIONEN

600 g Erdäpfel, speckig, gekocht, geschält
4 EL Öl, geschmacksneutral
1 EL Zwiebeln, fein geschnitten
Salz

ZUBEREITUNG

Erkaltete Erdäpfel mit einem Röstireißer reiben.
2 EL Öl in einer beschichteten Pfanne erhitzen, Zwiebeln hell rösten, aus der Pfanne geben.
2 EL Öl in der gleichen Pfanne erhitzen, Erdäpfel unter Wenden knusprig rösten. Geröstete Zwiebeln und Salz daruntermischen.

Kalbsvögerl

ZUTATEN FÜR 4 PORTIONEN

1 kg Kalbsvögerl
(ausgelöste Kalbsstelze)
120 g Spickspeck
4 EL Öl
0,3 l Wasser, Suppe oder brauner Fond
Salz
Butter oder Stärkemehl nach Wunsch

DAZU PASST

Kräftige Weißwein-Reserve von Grünem Veltliner oder Riesling (z.B. Kremstal DAC oder Kamptal DAC). Oder harmonischer, eleganter Rotwein, z.B. Pinot Noir oder Blaufränkisch.

ZUBEREITUNG

Vögerl zuputzen, ohne die Deckhäute abzuziehen. Entlang der Muskelstränge in Stücke trennen. Speck in ca. 4 mm dicke Streifen schneiden. Vögerl mit Hilfe einer Spicknadel spicken und salzen.
Öl in einer Bratpfanne erhitzen, Vögerl darin auf allen Seiten hell anbraten und in das auf 200 °C vorgeheizte Backrohr schieben.
Unter ständigem Begießen ca. 1½ Stunden braten, nach und nach Wasser (Suppe oder Fond) zugeben. Fertig braten, dabei immer wieder mit dem sich reduzierenden Saft übergießen. Dadurch entwickeln die Vögerl die charakteristisch glänzende Oberfläche, die einer Glasur gleicht.
Vögerl aus der Pfanne heben, Saft-Konsistenz bei Bedarf durch Flüssigkeitszugabe bzw. reduzierendes Kochen optimieren.
Saft nach Wunsch mit kalten Butterstücken montieren oder, falls ein molliger Saft gewünscht wird, 1 KL Stärkemehl mit etwas kaltem Wasser vermischen und in den kochenden Saft rühren. Saft seihen.
Vögerl gegen den Faserlauf in Scheiben schneiden oder im Ganzen auftragen.

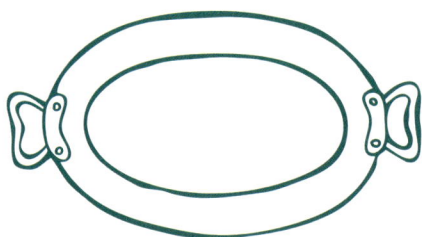

HAUPTSPEISEN

Kalbsschulterscherzel mit Zweigeltsaft

ZUTATEN FÜR 4 PORTIONEN

100 g Karotten und Sellerieknolle, geschält
80 g Zwiebeln, geschält
1,2 kg Kalbsschulterscherzel
Salz
Pfeffer
4 EL Öl
1 KL Tomatenmark
¼ l Zweigelt oder anderer Rotwein
0,3 l Suppe, Kalbsfond, braun, oder Wasser
10 Pfefferkörner
½ Lorbeerblatt

für den Saft
2 KL Stärkemehl
1 KL Mehl, glatt
etwas Rotwein zum Verrühren

DAZU PASST

Großer Rotwein (Zweigelt oder Cuvée mit Zweigelt) mit 5 Jahren Flaschenreife, zum Beispiel Neusiedlersee DAC oder Carnuntum.

ZUBEREITUNG

Karotten, Sellerie und Zwiebeln grob würfelig schneiden. Schulterscherzel mit Salz und Pfeffer würzen.
Öl in einer Bratenpfanne erhitzen, Schulterscherzel einlegen, beidseitig anbraten, aus der Pfanne heben. Zwiebeln, Karotten und Sellerie im verbleibenden Öl unter Rühren hell rösten, Tomatenmark beigeben, kurz rösten. Mit Wein ablöschen, mit Suppe (Fond oder Wasser) auffüllen, aufkochen.
Schulterscherzel und Gewürze beigeben. Zugedeckt auf dem Herd oder im auf 180 °C vorgeheizten Backrohr unter oftmaligem Wenden weich schmoren. Bei Bedarf Flüssigkeit ergänzen.
Schulterscherzel aus dem Saft heben und warm stellen. Stärkemehl und Mehl mit Rotwein glatt verrühren, Saft aufkochen. Stärkemischung zügig mit einem Schneebesen einrühren. Saft 2 Minuten kochen, durch ein feines Sieb seihen.
Schulterscherzel gegen den Faserlauf schneiden, anrichten und mit dem Saft überziehen.

GARDDAUER ca. 90 Minuten

BEILAGENEMPFEHLUNG Wurzelgemüse, Kohlsprossen, Erbsenschoten, karamellisierte Maroni, Erdäpfelpüree

HAUPTSPEISEN

Gefüllter Ochsenschlepp

ZUTATEN FÜR 6 PORTIONEN

2 kg Ochsenschlepp (dicker Teil),
in Scheiben geschnitten
5 EL Öl
Salz
Pfeffer
120 g Wurzelwerk (Karotte, Sellerie,
Petersilienwurzel)
80 g Zwiebeln
70 g Tomatenmark
¼ l Rotwein
ca. 1½ l Rindsuppe, Kalbsfond, braun,
oder Wasser
1 Lorbeerblatt
1 Thymiansträußchen
8 Pfefferkörner
1 KL Stärkemehl

für die Füllung
120 g Semmelwürfel
ca. ⅛ l Milch
1 Ei
35 g geschmolzene Butter
Salz
Petersilie, gehackt

zum Fertigstellen
Butter zum Bestreichen
reichlich Rindsuppe zum Garen

DAZU PASST

Großer österreichischer Rotwein
mit mind. 5 Jahren Flaschenreife.

ZUBEREITUNG

Ochsenschlepp bei den Gelenken durchschneiden. Öl erhitzen, Fleisch salzen, pfeffern und auf beiden Seiten sehr braun anbraten. Aus der Kasserolle heben. Geschältes Wurzelwerk in grobe Würfel schneiden, ebenso die Zwiebeln. Im verbliebenen Öl braun rösten, Tomatenmark beigeben, weiterrösten. Mit ⅛ l Rotwein ablöschen, nicht zugedeckt reduzieren. Mit Suppe (braunem Fond oder Wasser) auffüllen, Ochsenschleppscheiben und restliche Gewürze beigeben.

Zugedeckt auf dem Herd oder im Backrohr ca. 3–3¼ Stunden dünsten. Bei Bedarf Flüssigkeit ergänzen. Wenn das Fleisch weich ist und sich leicht vom Knochen lösen lässt, aus der Sauce heben.

Restlichen Rotwein und Stärke verrühren, zügig unter die Sauce mengen. Sauce einige Minuten kochen, durch ein sehr feines Sieb passieren (Wurzeln nicht durch das Sieb drücken), abschmecken.

Semmelwürfel in Milch einweichen. Ei verschlagen, mit Butter, Salz, Petersilie und den eingeweichten Semmelwürfeln vermischen. Masse in den mit kaltem Wasser benetzten Handflächen zu 12 Kugeln formen.

Fleisch von den überkühlten Ochsenschleppstücken lösen, bei Bedarf in kleinere Stücke schneiden. Auf die Kugeln verteilen, rundum fest anpressen. Es sollte jeweils ein geschlossener Kreis von Ochsenschleppstücken entstehen.

In 12 mit weicher Butter bestrichene Alufolie-Rechtecke einrollen und die beiden Enden straff zusammendrehen. In zart wallender Suppe ca. 20 Minuten köcheln. Aus der Folie lösen, anrichten und mit Sauce übergießen.

Kalbsnierenbraten

ZUTATEN FÜR 6 PORTIONEN
2 kg Kalbsnierenbraten,
vom Fleischer vorbereitet
(Niere abgetrennt, Rückgrat
ausgehackt und zerkleinert)
5 EL Öl
Salz
Pfeffer
1 KL Mehl, glatt
30 g Butter

DAZU PASST
Großer, feiner Grüner Veltliner,
Zierfandler/Rotgipfler, Morillon/
Chardonnay, aber auch großer Riesling,
z.B. Smaragd aus der Wachau. Als
Kontrapunkt kühl servierter Pinot Noir.

ZUBEREITUNG
Überschüssiges Fett von der Niere abschneiden, sodass eine dünne Fettabdeckung erhalten bleibt. Etwas Öl in einer Bratenpfanne verteilen, Knochen einschichten. Kalbsnierenbraten beidseitig salzen, mit Öl einstreichen. Mit der Außenseite nach unten in die Bratenpfanne einlegen, Niere mit Salz und Pfeffer würzen, zum Nierenbraten legen. Bei anfangs starker Hitze braten, dabei öfter mit dem sich bildenden Bratrückstand übergießen. Fallweise etwas Wasser untergießen. Nach 1 Stunde Hitze auf 160 °C reduzieren. Braten wenden, nochmals 1 Stunde braten, dabei öfter übergießen. Die Niere benötigt eine kürzere Garzeit. Um den Garzustand zu überprüfen, mit einer Nadel anstechen: Wenn klarer Saft austritt, ist die Niere fertig und wird warm gestellt. Fertigen Nierenbraten aus der Pfanne heben, bei 60 °C ca. 15 Minuten warm rasten lassen. Knochen weiterrösten, bis die Flüssigkeit verdunstet ist. Mehl einstreuen, weiterrösten, mit 0,4 l Wasser aufgießen, reduzierend kochen, Saft abseihen, aufkochen, kalte Butter in Stücken einrühren.
Fleisch in Tranchen schneiden, auf vorgewärmten Tellern anrichten, je 2 Nierenscheiben zum Bratenstück reichen. Mit Saft umgrenzen.

BRATTEMPERATUR ca. 200–220 °C, nach 1 Stunde auf ca. 160 °C senken, bei 60 °C warm rasten lassen

GARDAUER ca. 2 Stunden plus 15 Minuten rasten lassen

Beiried nach Husarenart

ZUTATEN FÜR 6 PORTIONEN

200 g Karotten und Sellerieknolle, zu gleichen Teilen
120 g Zwiebeln
1,8 kg Beiried, geputzt
Salz
Pfeffer
ca. 5 EL Öl zum Anbraten
1 EL Tomatenmark
0,3 l Rotwein
1,2 l Suppe, Fond, braun, oder Wasser
2 Lorbeerblätter
ca. 10 Pfefferkörner
1 Thymianzweig
<u>für die Sauce</u>
0,3 l Rotwein
2–3 KL Stärkemehl
<u>für die Buttersauce</u>
200 g Butter
2 Dotter
ca. 2 EL Wasser oder Suppe
Salz
etwas Essig
<u>zum Vollenden</u>
150 g Tomaten
1 EL Butter

DAZU PASST

Feuriger Rotwein mit kräftiger Tanninstruktur und Tiefgang, z.B. Mittelburgenland DAC Reserve.

ZUBEREITUNG

Wurzelwerk und Zwiebeln schälen, getrennt in grobe, gleichmäßige Würfel schneiden. Beiried mit Salz und Pfeffer würzen. Öl in einem Schmortopf oder einer Kasserolle erhitzen, Beiried rundum braun anbraten, aus der Pfanne heben.

Wurzelwerk im Bratenrückstand hell rösten, Zwiebeln beigeben, weiterrösten. Tomatenmark beigeben, einrühren, dunkel rösten. Mit Rotwein ablöschen, reduzierend kochen, mit Suppe (braunem Fond oder Wasser) aufgießen, aufkochen. Beiried in den Saft geben, Lorbeerblätter, Pfefferkörner und Thymian beigeben, aufkochen. Zugedeckt im vorgeheizten Rohr bei 180 °C unter Wenden ca. 2¼–3 Stunden dünsten.

Beiried aus dem Saft heben, warm stellen. Rotwein und Stärke verrühren, mit einem Schneebesen in den kochenden Saft einrühren. Aufkochen, durch ein feines Sieb passieren. Für die Buttersauce Butter schmelzen, auf ca. 40 °C erwärmen. Dotter, Wasser (Suppe), Salz und Essig in einem Schneekessel über Dampf lauwarm schaumig schlagen. Butter unter ständigem Schlagen hinzufügen, zu einer sämigen, dicklichen Sauce schlagen.

Paradeiser in siedendem Wasser ca. 10 Sekunden überbrühen, in kaltes Wasser legen. Haut abziehen, Paradeiser vierteln, Kerngehäuse ausschneiden. Paradeiser in ca. 1 cm große Würfel schneiden. 1 EL Butter in einer kleinen Pfanne erhitzen, Tomatenwürfel kurz farblos braten, mit Salz und Pfeffer würzen.

Beiried gegen den Faserlauf in gleichmäßige Scheiben schneiden. Anrichten, mit Rotweinsauce überziehen. Buttersauce entlang der Scheiben darüber geben, Paradeiswürfel darüber verteilen.

HAUPTSPEISEN

Zwiebelrostbraten

ZUTATEN FÜR 4 PORTIONEN

Für die Röstzwiebeln
400 g Zwiebeln, geschält
Mehl zum Bestauben
reichlich Öl zum Frittieren
für den Rostbraten
800 g Rostbratenried, geputzt
Salz
Pfeffer
Mehl zum Bestauben
3 EL Öl zum Braten
für den Saft
0,2 l Suppe, Fond, braun, oder Wasser
20 g Butter

DAZU PASST
Großer Blaufränkisch mit intensivem Waldbeerenbukett. Oder hochwertige Roweincuvée mit Cabernet Sauvignon und/oder Merlot.

ZUBEREITUNG

Zwiebeln in feine Ringe schneiden, in Mehl wenden, abschütteln. Öl in einer tiefen Pfanne erhitzen. Zwiebelringe unter ständigem Rühren mit einer Fleischgabel hellbraun backen. Aus dem Öl heben, abpressen. Mit einer Gabel auflockern, abtropfen lassen. Auf Küchenkrepp locker verteilen, warm stellen.
Fleisch in 4 Scheiben schneiden. Ca. 6 mm dünn plattieren und Ränder einschneiden. Rostbraten beidseitig mit Salz und Pfeffer würzen. Eine Seite gleichmäßig mit Mehl bestauben, abschütteln, leicht anpressen.
Öl erhitzen, Rostbraten mit der bemehlten Seite nach unten einlegen. Kräftig braun anbraten, wenden, kurz auf der zweiten Seite braten, das Fleisch soll auf den Punkt gebraten sein. Aus der Pfanne heben, mit Alufolie bedecken, warm stellen.
Fett aus der Pfanne gießen, Suppe (braunen Fond oder Wasser) zugießen, reduzierend kochen, bis sich der Bratensatz löst. Saft aufkochen, kalte Butter in Stücken einrühren, eventuell Saft seihen.
Rostbraten mit der zuerst gebratenen Seite in den Saft legen. Nicht aufkochen, mehrmals wenden, damit sich der Saft aromatisiert. Rostbraten anrichten und heiße, leicht gesalzene Röstzwiebeln darüber verteilen.

BEILAGENEMPFEHLUNG Braterdäpfel, geschälte Salzgurken

TIPP Traditionell wird Rostbraten aus der saftig durchwachsenen Rostbratenried geschnitten. Heute wird jedoch vielfach die fettärmere Beiried bevorzugt.

HAUPTSPEISEN

Esterhazyrostbraten

ZUTATEN FÜR 4 PORTIONEN

1 kg Rostbratenried oder Beiried
Salz
Pfeffer
Estragonsenf zum Bestreichen
4 EL Öl
100 g Zwiebeln
0,4 l Suppe, Fond, braun, oder Wasser
8 Kapern
etwas Bio-Zitronenschale, abgerieben
250 g Wurzelgemüse
(Karotten, Sellerie, Gelbe Rüben)
20 g Butter
⅛ l Sauerrahm
20 g Mehl, glatt
Petersilie, gehackt

DAZU PASST

Zweigelt (Rotburger), z.B. Rubin Carnuntum oder Neusiedlersee DAC, oder Sankt Laurent aus der Thermenregion oder dem Burgenland.

ZUBEREITUNG

Fleisch in 4 Scheiben schneiden, plattieren, Ränder einschneiden. Salzen, pfeffern, mit Senf bestreichen. In heißem Öl beidseitig braun anbraten, aus der Kasserolle heben. Zwiebeln schälen, in Streifen schneiden, im verbliebenen Fett in der Kasserolle hell rösten. Mit Suppe (braunem Fond oder Wasser) aufgießen, verrühren, aufkochen und Rostbraten einlegen. Gehackte Kapern und Zitronenschale hinzufügen. Zugedeckt auf dem Herd oder im Rohr dünsten, bei Bedarf zusätzliche Flüssigkeit ergänzen. Geschälte Wurzeln in feine, lange Streifen schneiden (ca. 2 mm), in heißer Butter andünsten und 4 Minuten vor Garende dazugeben. Gemeinsam knackig dünsten.
Fleisch aus der Sauce heben; Sauerrahm mit Mehl verrühren, unter die Sauce mengen, einige Minuten verkochen lassen. Rostbraten anrichten, mit Wurzelsauce bedecken und mit Petersilie bestreuen.

GARDAUER ca. 1¼ Stunden

TIPP Man kann die Wurzelstreifen auch extra in Suppe oder Salzwasser knackig kochen, in Butter schwenken und auf dem angerichteten Rostbraten verteilen.

Rindsrouladen

ZUTATEN FÜR 4 PORTIONEN

50 g Karotten, geschält
50 g Gelbe Rüben, geschält
80 g Selchspeck
50 g Essiggurken
100 g Zwiebeln
4 Rindsschnitzel vom Ortsschwanzel (Schale ohne Deckel)
Salz
Pfeffer
Estragonsenf zum Bestreichen
4 EL Öl zum Anbraten
Mehl zum Stauben
1 EL Tomatenmark
0,7 l Suppe, Fond, braun, oder Wasser
10 Pfefferkörner
1 Lorbeerblatt

<u>für die Sauce</u>
0,2 l Sauerrahm
1 EL Estragonsenf
20 g Mehl, glatt

ZUBEREITUNG

Karotten, Gelbe Rüben, Speck und Essiggurken in ca. 4 mm dicke Streifen schneiden. Zwiebeln schälen, in grobe Würfel schneiden.
Fleisch an den Rändern einschneiden. Zwischen Frischhaltefolie plattieren, beidseitig mit Salz und Pfeffer würzen, mit Senf bestreichen. Mit Speck-, Gurkerl- und Wurzelstreifen belegen. Einrollen und mit Küchengarn oder Zahnstocher fixieren.
Öl erhitzen, Fleisch rundum anbraten, aus dem Topf heben. Zwiebeln im Öl rösten, etwas Mehl einrühren, braun rösten. Tomatenmark beigeben, rösten, mit Suppe (braunem Fond oder Wasser) aufgießen.
Rouladen in den kochenden Saft legen. Pfeffer und Lorbeer beigeben, zugedeckt im heißen Rohr bei 180 °C ca. 1¼ Stunden weich dünsten. Bei Bedarf Flüssigkeit ergänzen. Aus der Sauce heben, Küchengarn (Zahnstocher) entfernen, Rouladen warm stellen.
Sauerrahm, Senf und Mehl verrühren, in die kochende Sauce rühren. Sauce aufkochen, passieren, Rouladen einlegen, ziehen lassen.

DAZU PASST

Kräftiger Grüner Veltliner, z.B. Smaragd aus der Wachau, Wiener Gemischter Satz DAC aus guter Lage oder Roter Veltliner vom Wagram. Alternativ fruchtiger Zweigelt (Rotburger) oder ein junger Pinot Noir.

Weihnachtsgans mit Maronifülle

ZUTATEN FÜR 4 PORTIONEN

1 Mastgans, ca. 4 kg, bratfertig
Salz
für die Fülle
300 g Semmeln vom Vortag
83 g Butter
80 g Zwiebeln
0,15 l Milch
4 Eier
Salz
1 EL Petersilie, gehackt
200 g Maroni, frisch gebraten, geschält, oder aus dem Glas/vakuumiert
100 g Pinienkerne
Öl oder Gänseschmalz zum Einstreichen des Backblechs
für den Saft
1 KL Mehl nach Bedarf
0,3 l Geflügelfond
20 g Butter

DAZU PASST

Grüner Veltliner Reserve mit 2–3 Jahren Reife, z.B. Kremstal DAC, Kamptal DAC oder Smaragd aus der Wachau. Alternativ junger, gekühlt servierter Rotwein oder große, reife Rotweincuvée.

ZUBEREITUNG

Semmeln in Würfel schneiden, Butter schmelzen. Zwiebeln, schälen, fein schneiden und in 20 g Butter hell rösten. Milch, restliche Butter und Eier mit einem Schneebesen verschlagen, Salz und Petersilie beigeben. Über die Semmelwürfel gießen und gut vermischen. Gehackte Maroni sowie Pinienkerne untermischen. Federkiele und Innereien der Gans entfernen. Gans lauwarm waschen, mit Küchenkrepp außen und im Brustraum abtrocknen. Flügelenden abtrennen, Gans innen und außen kräftig mit Salz einreiben. Maroni-Semmel-Fülle unter Nachpressen in den Brustraum füllen. Backrohr auf 160 °C Umluft vorheizen. Ein tiefes Backblech mit Öl (Gänseschmalz) einstreichen. Gans mit der Brust nach oben auf das Blech setzen. Ca. 40 Minuten braten, bei Bedarf etwas Wasser zugießen. Während des Bratens häufig übergießen. Bei beginnender Bräunung Temperatur auf 150 °C reduzieren. Mit einer Gabel die Haut zwischen Keulen und Brust mehrmals anstechen, damit Fett abfließen kann. Nach ca. 3¼–4 Stunden Gans aus der Pfanne heben, warm stellen. Überschüssiges Fett aus der Pfanne gießen. Bratenrückstand mit Mehl bestauben, kurz rösten und mit Fond (Wasser) auffüllen. Reduzierend kochen, kalte Butterstücke einrühren, Saft abseihen. Gänsekeulen abtrennen, beim Gelenk teilen. Brust von den Rippen ablösen, halbieren. Die verbleibende Karkasse vorsichtig, am besten mit einer Geflügelschere, öffnen, die Fülle herausheben.
Fülle in Scheiben schneiden, mit Gänsefett einstreichen, mit dem Gänsebraten servieren. Saft dazu reichen.

Süßes

DIE ÖSTERREICHISCHE KÜCHE GILT ZURECHT ALS EINE DER BESTEN MEHLSPEISENKÜCHEN WELTWEIT.

SÜSSES

Maronireis

ZUTATEN FÜR 6 PORTIONEN
800 g Maroni
130 g Staubzucker
2 EL Vanillezucker
1 EL Inländerrum
½ l Schlagobers
Staubzucker zum Bestreuen

 DAZU PASST
Halbtrockener Rosé vom Zweigelt, reifer Eiswein oder Rosé-Sekt, auch aus Niederösterreich oder dem Burgenland.

ZUBEREITUNG
Maroni mit Wasser bedeckt ca. 45 Minuten kochen. Abseihen, mit kaltem Wasser abschrecken, schälen. Anschließend passieren oder fein faschieren, mit Staub- und Vanillezucker sowie Rum verkneten. Obers schlagen, mittels Spritzsack erhaben auf Teller oder in kleine Schüsseln aufdressieren. Maronimasse mit einer Kastanien- oder Spätzlepresse auf dem Schlagobers verteilen. Mit Staubzucker bestreuen.

TIPPS Wer sich das Maronikochen und -schälen ersparen will, verwende im Handel erhältliches, ungesüßtes Maronipüree und vollende dieses wie beschrieben mit Rum, Staub- und Vanillezucker. Als Garnitur passen Amarenakirschen sehr gut.

SÜSSES

Schneenockerl

ZUTATEN FÜR 6 PORTIONEN

8 Eiweiß
240 g Kristallzucker
Prise Salz
Spritzer Zitronensaft
für die Vanillesauce
¼ l Milch
¼ l Schlagobers
100 g Kristallzucker
20 g Vanillepuddingpulver
2 Dotter
3 EL Inländerrum
für die Schokosauce
190 g Kuvertüre
¼ l Schlagobers
für die Erdbeersauce
250 g Erdbeeren, frisch oder tiefgekühlt
50 g Staubzucker
1 EL Zitronensaft

 DAZU PASST

Nicht zu mächtiger Ruster Ausbruch mit 3–5 Jahren Flaschenreife. Oder feiner Rosé-Sekt brut, hergestellt nach Méthode Traditionnelle mit elegantem Mousseux.

ZUBEREITUNG

Für die Vanillesauce Milch mit Schlagobers verrühren, zwei Drittel davon mit Kristallzucker aufkochen. Restliche Milch-Schlagobers-Mischung mit Vanillepuddingpulver, Dotter und Rum mit einem Schneebesen durchrühren. Sofort in die kochende Milch-Schlagobers-Mischung gießen und bei mäßiger Hitze unter ständigem Rühren mit einem Schneebesen ca. 2 Minuten kochen. Mit dem Stabmixer kurz mixen und sofort verwenden bzw. zum Warmhalten in ein warmes Wasserbad stellen und mit Frischhaltefolie abdecken (max. ca. 30 Minuten).
Für die Schokosauce Kuvertüre in kleine Stücke brechen. Schlagobers aufkochen, Kuvertüre unter ständigem Rühren im Obers schmelzen, einmal aufkochen. Warm servieren.
Für die Erdebeersauce alle Zutaten gemeinsam aufkochen. Vom Feuer nehmen, mit einem Stabmixer zu cremiger Konsistenz mixen und passieren.
Für die Nockerl Eiweiß, Kristallzucker, Salz und Zitronensaft mit der Küchenmaschine oder mit einem Handrührgerät mit Schneebesen gemeinsam zu festem Schnee schlagen.
Eine flache Wanne oder große Kasserolle halb mit Wasser füllen, auf ca. 80 °C erhitzen. Aus der Schneemasse mit einer Teigkarte große Nocken formen. In das Wasser legen und pochieren.
Nach ca. 5 Minuten wenden, nach weiteren 5 Minuten mit einer Backschaufel aus dem Wasser heben. Warm oder kalt mit Vanillesauce servieren.

GARDAUER ca. 10 Minuten, je nach Größe

SÜSSES

Kaiserschmarren

ZUTATEN FÜR
3–4 PORTIONEN
120 g Mehl, glatt oder Universal
¼ l Milch
1 EL Vanillezucker
Prise Salz
4 Dotter
4 Eiweiß
50 g Kristallzucker
ca. 50 g Butter
30 g Rosinen, in Inländerrum eingelegt
30 g Kristallzucker zum Karamellisieren
Staubzucker zum Bestreuen

<u>für den Röster</u>
1 kg Marillen
1 Zimtrinde
5 Gewürznelken
120 g Kristallzucker
2 EL Zitronensaft

DAZU PASST
Fruchtsüße weiße Spätlese oder Auslese mit spürbarem Restzucker und guter Säure.

ZUBEREITUNG
Für den Röster Marillen waschen, halbieren und entkernen. Zimtrinde zerbrechen und mit Nelken in ein Leinentuch binden.
3 cl Wasser, Zucker, Zitronensaft und Marillen langsam erhitzen. Gewürzsäckchen beigeben, unter öfterem Umrühren ca. 35 Minuten kernig-weich dünsten.
Bei Bedarf etwas Wasser zugießen. Gewürzsäckchen entfernen.
Für den Schmarren Mehl mit Milch, Vanillezucker und Salz mit einem Schneebesen glatt verrühren, Dotter einrühren.
Eiweiß mit Kristallzucker zu cremig-steifem Schnee schlagen, unter den Teig heben. Butter in 2 ofenfesten Pfannen oder einem flachen Bräter erhitzen, Masse eingießen, Rosinen darüberstreuen.
Im vorgeheizten Backrohr ca. 9 Minuten backen, mit einer Backschaufel vierteln, wenden und ca. 3 Minuten fertig backen. Mit 2 Gabeln in ungleichmäßige Stücke zerreißen. Mit Kristallzucker bestreuen und im Backrohr oder auf dem Herd karamellisieren. Anrichten und mit Staubzucker bestreuen.

BACKEN unterste Schiene, 210 °C Ober-/Unterhitze

BACKDAUER 12 Minuten

SÜSSES

Gewuzelte Mohnnudeln

ZUTATEN FÜR 4 PORTIONEN

für den Erdäpfelteig
500 g Erdäpfel, mehlig, roh, geschält
Salz
3 Dotter
200 g Mehl, griffig
40 g Grieß
40 g Butter, flüssig
Mehl, griffig, zum Stauben

zum Fertigstellen
90 g Butter
120 g Mohn, gerieben
60 g Staubzucker
Staubzucker zum Bestreuen

ZUBEREITUNG

Erdäpfel in gleichmäßige Stücke schneiden, in Salzwasser kochen, abseihen, im Backrohr bei 60 °C ausdampfen.
Mit einer Erdäpfelpresse oder durch ein Passiersieb passieren. Erkaltet mit den Dottern vermischen. Restliche Zutaten daruntermischen.
Sofort verarbeiten: Erdäpfelteig mit Mehl stauben, zu 2 cm dicken Stangen rollen und in kleine Stücke teilen. Mit flacher Hand zu runden, an den Enden schmäler werdenden Rundnudeln wuzeln (rollen).
In reichlich kochendes Salzwasser einlegen, an der Siedegrenze ziehen lassen. Abseihen oder aus dem Wasser heben.
Butter in einer Pfanne schmelzen, Schupfnudeln beigeben. Mohn und Staubzucker darüberstreuen, durchschwenken. Mit Staubzucker bestreut servieren.

BEILAGENEMPFEHLUNG Zwetschkenröster

GARDAUER Erdäpfel ca. 20 Minuten, Schupfnudeln ca. 6 Minuten

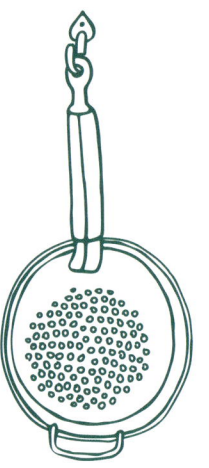

Apfelstrudel

ZUTATEN FÜR 2 STRUDEL À CA. 32 CM = 1 BACKBLECH (8–10 PORTIONEN)

für den Belag
60 g Butter
100 g Semmelbrösel
1,3 kg Äpfel, säuerlich, geschält, entkernt
100–150 g Zucker
(je nach Säuregrad der Äpfel)
1 EL Vanillezucker
1 KL Zimt
40 g Inländerrum
Saft einer Zitrone
60 g Rosinen

für den Strudelteig
250 g Mehl
Prise Salz
13 g Öl
Mehl zum Bestauben
120 g Butter zum Bestreichen
Staubzucker zum Bestreuen

DAZU PASST
Elegante Trockenbeerenauslese aus dem Seewinkel von Welschriesling, Chardonnay oder Scheurebe, auch ein großer Ruster Ausbruch.

ZUBEREITUNG

Butter in einer Pfanne erhitzen, Semmelbrösel hinzufügen, goldbraun anrösten, kalt stellen. Äpfel vierteln, in ca. 3 mm dicke Scheiben schneiden und mit Zucker und Vanillezucker sowie Zimt, Rum, Zitronensaft und Rosinen vermengen. Mehl kegelartig auf der Arbeitsfläche anhäufen, oben einen Krater bilden. Salz, Öl sowie nach und nach 150 ml lauwarmes Wasser mit einer Gabel einrühren und alle Zutaten zu einem glatten, seidigen Teig verkneten. Teig dünn mit Öl bestreichen und zugedeckt ca. 30 Minuten ruhen lassen. Ein Tuch mit Mehl bestauben, Teig darauf legen und ebenfalls mit Mehl anstauben. Mit einem Nudelholz gleichmäßig dünn ausrollen und kräftig mit flüssiger Butter bestreichen. Zugedeckt einige Minuten stehen lassen. Anschließend lässt sich der Teig wunderbar ausziehen: mit den bemehlten Rücken beider Hände vorsichtig unter den Teig greifen und ihn mit den Handrücken gleichmäßig hauchdünn zu einem Rechteck ausziehen; dabei beide Hände verwenden. Anschließend überstehende Ränder abschneiden. Der Teig sollte eine Breite von ca. 40 cm aufweisen. Teig der Hälfte nach durchtrennen. Butterbrösel und Apfelmasse halbieren. Butterbrösel ca. 15 cm breit aufstreuen, Hälfte der Füllung darauf verteilen. Den restlichen Teig mit flüssiger Butter beträufeln. Durch Anheben des Tuches Strudel straff einrollen. Enden verschließen, mit dem Teigschluss nach unten auf eine Längsseite eines gebutterten Backblechs legen, nochmals kräftig mit flüssiger Butter bestreichen.
Vorgang für den 2. Strudel wiederholen. Im vorgeheizten Backrohr bei 210 °C Umluft ca. 30 Minuten knusprig braun backen. Mit Staubzucker bestreuen, nach Geschmack warm, lauwarm oder kalt servieren.

SÜSSES

Kardinalschnitten

ZUTATEN 10 STÜCK

7 Eiweiß
200 g Kristallzucker
3 Dotter
2 Eier
1 KL Vanillezucker
Prise Salz
80 g Mehl, glatt
Staubzucker zum Bestreuen
für die Creme
4 Blatt Gelatine
40 g Kristallzucker
0,1 l Kaffee, schwarz, stark
¼ l Schlagobers

ZUBEREITUNG

Einen Dressiersack mit Lochtülle Nr. 20 (ersatzweise Sack unten auf 2 cm aufschneiden und ohne Tülle verwenden) und einen Dressiersack mit Lochtülle Nr. 12 vorbereiten. Auf einem Backblech 2 Streifen Backtrennpapier (15 x 36 cm) vorbereiten. Eiweiß mit 140 g Kristallzucker cremig-steif schlagen. Eischnee in den Dressiersack mit Tülle Nr. 20 füllen, auf die Papierstreifen je 3 Streifen à Ø 2 cm dressieren, dazwischen 2 cm Abstand lassen.
Dotter, Eier, 60 g Kristallzucker, Vanillezucker und Salz schaumig rühren, Mehl unterheben, mit dem 2. Dressiersack in die Zwischenräume dressieren. Mit Staubzucker besieben und im vorgeheizten Rohr backen. Erkalten lassen, umdrehen, Papier abziehen.
Gelatine in kaltem Wasser einweichen. Ausdrücken, mit einigen Tropfen Kaffee lauwarm schmelzen, Kristallzucker darin auflösen, kalten Kaffee einrühren. Obers schlagen, Kaffee-Gelatine-Mischung einrühren. Creme auf einen gebackenen Streifen dressieren. Anderen Streifen darauflegen, leicht andrücken.
In Backtrennpapier hüllen, ca. 3 Stunden kühlen; mit einem nassen Messer in 4 cm breite Scheiben schneiden, mit Staubzucker bestreuen.

BACKEN 2. Schiene von unten, 160 °C Ober-/Unterhitze, Backrohr einen Spalt geöffnet

BACKDAUER ca. 35 Minuten

SÜSSES

Marillenknödel

ZUTATEN FÜR CA. 15 STÜCK

für den Teig
60 g Butter, handwarm
Prise Salz
Schale einer halben Bio-Zitrone, abgerieben
1 Ei
1 Dotter
150 g Mehl, glatt
400 g Topfen, 20 %, passiert, trocken
Mehl, Universal oder griffig, zum Arbeiten

weiters
15 Marillen
15 Stück Würfelzucker
Mehl zum Bestauben
Salz
250 g Butter
150 g Semmelbrösel
Staubzucker zum Bestreuen

DAZU PASST

Riesling-Beerenauslese oder Eiswein aus Niederösterreich. Oder aromatischer Sekt, z.B. vom Traminer.

ZUBEREITUNG

Für den Teig Butter mit Salz und Zitronenschale schaumig rühren, Ei und Dotter einrühren. Mehl und Topfen hinzufügen, zu einem glatten Teig kneten. Mit Frischhaltefolie bedecken, ca. 4 Stunden im Kühlschrank kühlen.
Marillen waschen, abtrocknen, den Kern mit einem Kochlöffelstiel aus der Frucht drücken. Würfelzucker an Stelle des Kerns in die Frucht füllen.
Teig aus dem Kühlschrank nehmen, auf einer bemehlten Arbeitsfläche eine 5 cm dicke Rolle formen und in Scheiben schneiden, flach drücken, Marillen damit umhüllen, mit den Fingerspitzen verschließen. Mit bemehlten Händen rotierend runde Knödel formen. Salzwasser aufkochen, Knödel einlegen, Topf leicht schütteln. Knödel zum Umdrehen mit dem Kochlöffel zart anstoßen. Nach 8 Minuten mit einer dünnen Nadel anstechen: Wenn die Frucht kernig weich ist, Knödel aus dem Wasser heben und gut abtropfen.
Butter schmelzen, Brösel darin goldgelb rösten. Knödel in Butterbröseln wälzen, anrichten und mit Staubzucker bestreuen.

SÜSSES

Topfenknödel

ZUTATEN FÜR 12 STÜCK

350 g Topfen, 20 %
100 g Semmelbrösel oder Mie de pain
(Weißbrot, entrindet,
getrocknet, fein gerieben)
1 Dotter
85 g Ei (ca. 1¼ Eier)
25 g Butter
2 EL Staubzucker
Prise Salz
nach Geschmack Bio-Zitronenschale,
abgerieben
Mehl zum Arbeiten
Staubzucker zum Bestreuen

<u>für die Butterbrösel</u>
220 g Butter
130 g Semmelbrösel

ZUBEREITUNG

Topfen mit Bröseln (Mie de pain), Dotter, Ei, Butter, Staubzucker, Salz und Zitronenschale verrühren, bis eine glatte Masse entsteht. 2 Stunden kühlen. Mit bemehlten Handflächen Knödel mit ca. 4 cm Ø formen. Reichlich leicht gesalzenes Wasser aufkochen, Knödel einlegen und ca. 12 Minuten bei ca. 90 °C ziehen lassen.
Butter schmelzen und Brösel darin goldgelb rösten. Knödel aus dem Wasser heben, abtropfen. Vorsichtig in Butterbröseln wälzen. Anrichten, mit Staubzucker bestreuen.

BEILAGENEMPFEHLUNG Zwetschkenröster

TIPP Brösel aus entrindetem, getrocknetem Toast- oder Weißbrot erzeugen Sie am besten im Kleinschneider.

VARIATION Wälzen Sie die Knödel in geriebenem Mohn, begießen Sie sie anschließend mit reichlich flüssiger Butter und bestreuen Sie sie mit Staubzucker.

Milchrahmstrudel

FÜR 1 BACKFORM ODER BRATENPFANNE, CA. 22 X 36 X 9 CM

Strudelteig (s. S. 103 oder
2 Pkg. Fertigteig à 120 g)
Staubzucker zum Bestreuen

<u>für die Füllung</u>
150 g Semmeln, Brioche
oder Toastbrot, entrindet
0,2 l Milch
80 g Butter
80 g Staubzucker
1 KL Vanillezucker
oder Mark einer Vanilleschote
Schale einer halben Bio-Zitrone,
abgerieben
4 Dotter
200 g Topfen, 20 %, cremig
50 g Mehl, griffig
0,2 l Sauerrahm
4 Eiweiß
30 g Kristallzucker
50 g Rosinen,
in Inländerrum eingeweicht
Staubzucker zum Bestreuen

<u>zum Begießen</u>
0,3 l Milch
1 Ei
40 g Kristallzucker
1 KL Vanillezucker

ZUBEREITUNG

Semmeln (Brioche, Toast) in dünne Scheiben schneiden, in Milch einweichen. Handwarme Butter mit Staubzucker, Vanillezucker (Vanillemark) und Zitronenschale schaumig rühren.
Dotter einrühren, eingeweichtes Gebäck, Topfen, Mehl und Sauerrahm unterrühren. Eiweiß und Kristallzucker zu cremig-steifem Schnee schlagen, unter die Masse mischen.
Backrohr auf 180 °C Ober-/Unterhitze vorheizen. Backform mit flüssiger Butter ausstreichen. Strudelteig auf einem Tuch ausbreiten, mit flüssiger Butter bestreichen. Hälfte der Füllung auf zwei Dritteln eines Teigteils aufstreichen. Mit Rosinen bestreuen und mit Hilfe des Tuches von der bestrichenen Seite her einrollen. Enden verschließen. Strudel mit Hilfe des Tuches seitlich in die Form heben, mit flüssiger Butter bestreichen.
Vorgang mit der restlichen Masse wiederholen, zweiten Strudel an der anderen Seite in die Form legen und ebenfalls mit Butter bestreichen. Strudel auf mittlerer Schiene 15 Minuten anbacken.
In der Zwischenzeit für den Überguss Milch, Ei, Kristall- und Vanillezucker verquirlen oder mixen. Ein Drittel davon über den Strudel gießen. Weiterbacken, dabei immer wieder mit der restlichen Eiermilch begießen.
Nach ca. 50 Minuten aus dem Rohr nehmen.
Ca. 15 Minuten rasten lassen, portionieren und mit Staubzucker bestreuen.

BEILAGENEMPFEHLUNG warme Vanillesauce

SÜSSES

Salzburger Nockerl

ZUTATEN FÜR 3 NOCKERL
Butter zum Ausstreichen
6 Eiweiß
100 g Kristallzucker
1 KL Vanillezucker
2 Dotter
MS Bio-Zitronenschale, abgerieben
20 g Mehl, glatt
Staubzucker zum Bestreuen

DAZU PASST
Fein-pikante Beerenauslese aus Riesling, Sauvignon Blanc oder Welschriesling.

ZUBEREITUNG
Eine ovale Auflaufform von ca. 30 x 20 cm mit weicher Butter ausstreichen. Im vorgeheizten Backrohr kurz erhitzen.
Eiweiß mit Kristallzucker und Vanillezucker zu steifem Schnee schlagen. Dotter mit Zitronenschale verrühren, vorsichtig unter den Schnee rühren.
Mehl mit dem Schneebesen oder Teigspachtel vorsichtig unterheben. Ein Drittel der Masse mittels Teigkarte zu einer glatten Nocke formen. Nocke in die Form setzen. Vorgang zweimal wiederholen.
Auf dem Rost backen, mit Staubzucker bestreuen.

BACKEN 2. Schiene von unten, 220 °C Ober-/Unterhitze

BACKDAUER ca. 7–9 Minuten

TIPP Salzburger Nockerl sollen innen noch cremig sein und müssen sofort serviert werden.

SÜSSES

Überbackener Reisauflauf

ZUTATEN FÜR 8–20 PORTIONEN

Butter zum Ausstreichen
0,7 l Milch
60 g Butter
20 g Vanillezucker
1 KL Bio-Zitronenschale, gerieben
Prise Salz
150 g Rundkornreis
5 Dotter
50 g Staubzucker, gesiebt
5 Eiweiß
80 g Kristallzucker
10 g Kakaopulver

für die Schneehaube
3 Eiweiß
100 g Kristallzucker

ZUBEREITUNG

Eine Auflaufform von ca. 18 x 28 x 5 cm mit weicher Butter ausstreichen.
Milch, Butter, Vanillezucker, Zitronenschale und Salz aufkochen. Reis beigeben, unter Rühren cremig weich kochen. Überkühlen lassen.
Dotter und Staubzucker mit der Rührmaschine schaumig rühren, unter die Reismasse mischen.
Eiweiß mit Kristallzucker zu cremig-steifem Schnee schlagen, unter die Reismasse heben. Ca. ein Drittel der Menge mit Kakao vermischen.
Die Hälfte der hellen Masse in die vorbereitete Form füllen, verstreichen, die Kakaomasse darüber verteilen, verstreichen. Restliche helle Masse darauf verstreichen.
Im vorgeheizten Rohr ca. 50 Minuten backen.
Für die Schneehaube Eiweiß mit Kristallzucker zu cremig-steifem Schnee schlagen. Schnee mit einem Dressiersack und Sterntülle auf den Auflauf dressieren und hellbraun überbacken.

BACKEN 2. Schiene von unten, 160 °C Ober-/Unterhitze; Schneehaube: 250 °C, ca. 3–4 Minuten

BEILAGENEMPFEHLUNG Erdbeer- oder Himbeersauce

VARIATION KLASSISCHER REISAUFLAUF wird ohne Zugabe von Kakao und Schneehaube gebacken. Mit Staubzucker bestreuen.

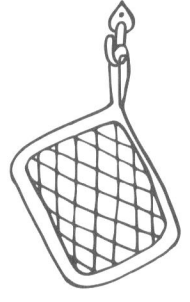

SÜSSES

Sachertorte

ZUTATEN FÜR 3 NOCKERL

80 g Kuvertüre
180 g Mehl, glatt
ca. 250 g Marillenmarmelade
nach Bedarf Butter zum Ausstreichen
nach Bedarf Mehl zum Bestauben
Kristallzucker zum Stürzen
180 g Butter, handwarm
80 g Staubzucker
1 EL Vanillezucker
8 Dotter
8 Eiweiß
150 g Kristallzucker
für die Sacherglasur
300 g Kristallzucker
250 g Kuvertüre, gehackt

 DAZU PASST

Roter Schilfwein, rote Beerenauslese oder weiße Trockenbeerenauslese mit mindestens 10 Jahren Reife.

ZUBEREITUNG

Kuvertüre für die Torte zerkleinern, im Wasserbad schmelzen. Mehl sieben, Marillenmarmelade mit einer Teigkarte durch ein Sieb streichen.
Einen Tortenreifen in Papier einschlagen oder eine Springform mit Butter ausstreichen und mit Mehl ausstauben. Backtrennpapier mit Kristallzucker zum Stürzen der gebackenen Torte bestreuen.
Butter, Staubzucker, Vanillezucker und Kuvertüre in der Küchenmaschine schaumig rühren. Dotter nach und nach beigeben. Eiweiß mit Kristallzucker cremig-steif schlagen. Ein Drittel mit einem Kochlöffel zügig unterrühren. Restlichen Schnee und Mehl abwechselnd unterheben. Masse in eine Tortenform füllen, mit einer Teigkarte zum Formrand hochstreichen, im vorgeheizten Backrohr backen.
Ausgekühlte Torte mit einem kleinen Messer aus der Form lösen, auf das bezuckerte Backtrennpapier stürzen, in der Mitte waagrecht durchschneiden. Unteren Teil mit kalter Marillenmarmelade bestreichen, auf einen Tortenkarton legen. Tortenoberteil daraufsetzen, dünn mit heißer Marillenmarmelade einstreichen und auf ein Glasiergitter heben.
Für die Glasur Kristallzucker mit $\frac{1}{8}$ l Wasser in einer Kasserolle aufkochen. Mit einem nassen Küchenpinsel Zuckerkristalle vom Rand der Kasserolle wischen. Oberfläche der Flüssigkeit mit einem Schaumlöffel abschäumen. Kuvertüre einrühren, vollständig schmelzen lassen. Bis zu einer Temperatur von 109 °C kochen (Thermometer verwenden). Glasur vom Herd nehmen und durch ein Sieb gießen.
Weitere Schritte finden Sie auf S. 116.

Ca. ein Viertel der Glasur ...einplatte gießen und mit einer Palette hin... ...rstreichen (tablieren). Verbliebene G... ...r Kasserolle zwischendurch mit einem Ko... ...gsam rühren, damit sich keine Haut bildet. Dickflüssige Glasur zurück zur warmen Glasur geben und durchrühren. Vorgang wiederholen, bis die Glasur dickflüssige Konsistenz und ca. 60 °C aufweist. Rasch über die Torte gießen, sofort mit 1–2 Strichen oben und seitlich glatt verstreichen. Erstarren lassen, abgelaufene Glasur mit einem kleinen Messer abtrennen.

BACKEN 2. Schiene von unten, 170 °C Ober-/Unterhitze

BACKDAUER ca. 55 Minuten

Vanillekipferl

ZUTATEN FÜR CA. 50 STÜCK
220 g Butter, kalt
30 g Vanillezucker
280 g Mehl, glatt
100 g Staubzucker, gesiebt
150 g Haselnüsse, gerieben
Prise Salz
Mehl zum Arbeiten
200 g Vanille-Staubzucker
Vanillezucker zum Bestreuen

ZUBEREITUNG
Butter in Würfel schneiden. Mit Vanillezucker, Mehl, Staubzucker, Nüssen und Salz rasch zu einem Teig verarbeiten. Einen Ziegel formen und zugedeckt etwa 1 Stunde im Kühlschrank rasten lassen. Teig auf einer bemehlten Arbeitsfläche zu gleichmäßigen, ca. 2–3 cm dicken Rollen formen. In ca. 1 cm breite Stücke schneiden. Kipferl formen, auf ein mit Backtrennpapier belegtes Blech legen und im vorgeheizten Rohr auf der 2. Schiene von unten bei 180 °C Ober-/Unterhitze ca. 15 Minuten backen. Noch heiß in Vanille-Staubzucker wälzen. Ausgekühlt nochmals mit Vanillezucker bestreuen.

Kokosbusserl

ZUTATEN FÜR CA. 50 STÜCK

5 Eiweiß
270 g Staubzucker, gesiebt
220 g Kokosraspeln
60 g Kristallzucker
40 g Glucose oder Honig

ZUBEREITUNG

Über einem Wasserbad 3 Eiweiß und Staubzucker mit einem Schneebesen warm aufschlagen (40 °C), abkühlen lassen. Mit der Rührmaschine und Schneebesen zu cremig-steifem Schnee schlagen.
Kokosraspeln, Kristallzucker und 2 Eiweiß mit Glucose (Honig) vermischen, unter den Eischnee mischen. Masse in einer Kasserolle auf dem Herd unter Rühren bei mäßiger Hitze bis ca. 40 °C erwärmen. In einen Dressiersack mit Lochtülle (Nr. 8) füllen.
Auf ein mit Backtrennpapier belegtes Blech Busserl dressieren und im vorgeheizten Rohr backen. Ausgekühlt in gut verschließbare Dosen schlichten.

BACKEN 2. Schiene von unten, 180 °C Ober-/Unterhtze

BACKDAUER ca. 12 Minuten

TIPP Tunken Sie den Boden der ausgekühlten Busserl in temperierte Kuvertüre. Das schmeckt hervorragend und die Busserl sind dann länger haltbar.

SÜSSES

Topfenauflauf

ZUTATEN FÜR 6 PORTIONEN
100 g Butter, handwarm
25 g Staubzucker
1 Pkg. Vanillezucker
etwas Bio-Zitronenschale, abgerieben
4 Dotter
500 g Topfen, 20 %, passiert
¹⁄₁₆ l Sauerrahm
37 g Mehl, glatt
4 Eiweiß
80 g Kristallzucker
Öl zum Einstreichen
Butter zum Ausstreichen

DAZU PASST
Fein-pikante Beerenauslese oder junger Eiswein, junger Eiswein oder flaschenvergorener Sekt.

ZUBEREITUNG
Butter, Staubzucker und Vanillezucker mit Zitronenschale schaumig rühren, nach und nach Dotter einrühren. Topfen und Sauerrahm verrühren, mit dem Butter-Dotter-Abtrieb mischen. Mehl unterrühren. Eiweiß und Kristallzucker gemeinsam zu cremig-steifem Schnee schlagen, unter die Masse heben.
Eine Kuchenform zart mit Öl ausstreichen, mit Backtrennpapier auskleiden, mit weicher Butter einstreichen. Masse in die Kuchenform einfüllen, im vorgeheizten Backrohr backen.
Fertigen Auflauf kurz rasten lassen, stürzen und portionieren.

BACKTEMPERATUR 150 °C Ober-/Unterhitze

BACKDAUER ca. 70 Minuten

BEILAGENEMPFEHLUNG Beerensaucen, Vanillesauce

VARIATION FÜR TOPFENSTRUDEL die vorbereitete Kuchenform mit fertigem Strudelteig auskleiden. Topfenmasse mit 40 g Rosinen vermischen, in die Form einfüllen, verstreichen. Überhängenden Teig nach innen legen, mit flüssiger Butter bestreichen. Mit Teig abdecken. Im vorgeheizten Rohr bei 165 °C ca. 70 Minuten backen, kurz rasten lassen, stürzen, wenden und portionieren.

SÜSSES

Mohr im Hemd

ZUTATEN FÜR 6 PORTIONEN

Butter zum Ausstreichen
Kristallzucker zum Ausstreuen
50 g Kuvertüre
50 g Butter
3 Dotter
50 g Walnüsse, gerieben
25 g Semmelbrösel
3 Eiweiß
50 g Zucker
1 KL Vanillezucker
Prise Salz
Schokosauce (s. S. 96)
Schlagobers zum Garnieren

DAZU PASST

Roter Schilfwein oder rote Beerenauslese. Alternativ weiße Trockenbeerenauslese mit mindestens 10 Jahren Reife.

ZUBEREITUNG

Kleine Auflaufformen mit weicher Butter ausstreichen, mit Zucker ausstreuen, überschüssigen Zucker ausschütteln, Formen kaltstellen.
Kuvertüre in Stücke brechen, im Wasserbad lippenwarm schmelzen. Handwarme Butter schaumig rühren, Kuvertüre einrühren, nach und nach Dotter hinzufügen. Walnüsse und Semmelbrösel vermischen; Eiweiß mit Zucker, Vanillezucker und Salz zu cremig-steifem Schnee schlagen. Eischnee und Nuss-Brösel-Mischung unter den Abtrieb heben.
Masse am besten mit einem Spritzsack ohne Tülle drei Viertel hoch in die Formen einfüllen. In einem auf 90 °C temperierten, mit Küchenkrepp ausgelegten Wasserbad zugedeckt bei 170 °C Ober-/Unterhitze 35 Minuten auf unterer Schiene backen. Anschließend die Oberfläche mit den Fingerkuppen gerade drücken.
Während des Backens die Sauce zubereiten. Auflauf auf warme Teller stürzen, mit Schokoladensauce überziehen und mit geschlagenem Obers garnieren.

Eiskaffee

ZUTATEN FÜR 4 PORTIONEN

70 g Kaffee, gemahlen, für Filterkaffee
5 g Löskaffee
10 g Vanillezucker
60 g Kristallzucker
80 g Obers oder Kaffeeobers
12 g Inländerrum
zum Anrichten
8 Kugeln Vanilleeis
Obers, geschlagen
Kaffee, gemahlen, oder Kakaopulver

ZUBEREITUNG

Filterkaffee mit 1 l Wasser brühen, Löskaffee, Vanillezucker, Kristallzucker und Obers einrühren, nochmals aufkochen. Nach dem Erkalten Rum einrühren.
Jeweils 2 Kugeln Vanilleeis in hohe, vorgekühlte Eiskaffeegläser geben. Mit gut gekühltem Kaffee bis ca. 2,5 cm unter den Rand auffüllen. Eine große Rosette geschlagenes Obers obenauf dressieren, mit etwas gemahlenem Kaffee (Kakao) bestreuen.

TIPP An Stelle von Filterkaffee kann man auch Espresso verwenden.

Rezeptregister

A
Apfelkren 76
Apfelkren aus rohen Äpfeln 76
Apfelstrudel 103

B
Backhendlsalat 26
Bärlauchsuppe mit gebackenem Ei 36
Beiried nach Husarenart 86
Blunzengröstel 51

D
Dillfisolen 78
Dillkürbis 78

E
Eiaufstrich 16
Eier, gefüllt 23
Eiernockerl 45
Eiskaffee 123
Erdäpfelaufstrich 18
Erdäpfelgulasch 42
Erdäpfelsuppe 35
Esterhazyrostbraten 88

F
Faschierte Laibchen 57
Fiakergulasch 65
Frittaten 30

G
Gabelbissen 20
Gansleinmachsuppe 33
Gefüllte Eier 23
Gefüllte Paprika 60
Gefüllter Ochsenschlepp 82
Gewuzelte Mohnnudeln 100
Grammelknödel 48
Grießnockerl 31
Gulaschsuppe 32

K
Kaiserschmarren 98
Kalbsnierenbraten 85
Kalbsvögerl 80
Kalbsschulterscherzel mit Zweigeltsaft 81
Kardinalschnitten 104
Karfiol mit Butter und Bröseln 42
Kohl nach Wiener Art 79
Kokosbusserl 117
Krautfleckerl 40

L
Leberknödel 31
Lebernockerl 31
Liptauer 19

REZEPTREGISTER

M
Marillenknödel 106
Maronireis 94
Milchrahmstrudel 109
Mohnnudeln 100
Mohr im Hemd 120

O
Ochsenschlepp, gefüllt 82

R
Reisauflauf, überbacken 112
Reisfleisch 52
Rindfleisch in Essig
und Öl mit Käferbohnen 24
Rindsrouladen 90
Rindsuppe 28
Rösterdäpfel 79

S
Sachertorte 115
Salzburger Nockerl 110
Schinkenfleckerl 46
Schinkenrolle 21
Schneenockerl 96
Schnittlauchsauce 77
Schöberl 30
Semmelkren 77
Stephaniebraten 58

T
Tafelspitz 74
Topfenauflauf 118
Topfenknödel 108

U
Überbackener Reisauflauf 112

V
Vanillekipferl 116

W
Weihnachtsgans mit Maronifülle 91
Wiener Schnitzel mit Erdäpfel-Salat 62

Z
Zander mit Szegediner Kraut 54
Zwiebelrostbraten 87

IMPRESSUM

Wir danken Willi Klinger, Geschäftsführer der Österreich Wein Marketing GmbH, sowie Gabriele Burian, Bereichsleiterin Kommunikation der Österreich Wein Marketing GmbH, für die Weintipps.

Bibliografische Information der Deutschen Nationalbibliothek
Die Deutsche Nationalbibliothek verzeichnet diese Publikation in der Deutschen Nationalbibliografie; detaillierte bibliografische Daten sind im Internet über http://dnb.d-nb.de abrufbar.

1. Auflage

Fotografie: Eisenhut & Mayer
Grafikdesign: Sabine Kunzmann
Lektorat: Else Rieger
Druck: GRASL FairPrint, Bad Vöslau, www.grasl.eu
Abbildungsnachweis:
Seite 10, 38, 92, Imagno | Seite 14, 124, Shutterstock | Seite 66, 69, Mario Plachutta Ges.m.b.H.
Illustrationen: Shutterstock

Copyright © 2016 by Christian Brandstätter Verlag, Wien

Alle Rechte, auch die des auszugsweisen Abdrucks oder der Reproduktion einer Abbildung, sind vorbehalten. Das Werk einschließlich aller seiner Teile ist urheberrechtlich geschützt. Jede Verwertung ohne Zustimmung des Verlages ist unzulässig. Dies gilt insbesondere für Vervielfältigungen, Übersetzungen, Mikroverfilmungen und die Einspeicherung und Verarbeitung in elektronischen Systemen.

978-3-7106-0102-6   Plachutta   Klassiker Ausgabe Thalia
978-3-7106-0103-3   Plachutta   Klassiker Geschenkausgabe Thalia

Christian Brandstätter Verlag GmbH & Co KG
A-1080 Wien, Wickenburggasse 26
Telefon (+43-1) 512 15 43-0
Telefax (+43-1) 512 15 43-231
E-Mail: info@brandstaetterverlag.com
www.brandstaetterverlag.com

Designed in Austria, printed in the EU